河北省哲学社会科学基金项目"燕赵蒙学在幼儿园优秀传统文化教育中的实践研究"
（项目编号：HB21JY032）

近现代燕赵蒙学演变

赵 娟◎著

知识产权出版社
全国百佳图书出版单位
——北京——

图书在版编目（CIP）数据

近现代燕赵蒙学演变/赵娟著. —北京：知识产权出版社，2023.10
ISBN 978 - 7 - 5130 - 8611 - 0

Ⅰ.①近… Ⅱ.①赵… Ⅲ.①蒙学—研究—河北—近现代 Ⅳ.①G629.299

中国国家版本馆 CIP 数据核字（2023）第 002390 号

责任编辑：江宜玲　　　　　　　　责任校对：王　岩
封面设计：邵建文　马倬麟　　　　责任印制：孙婷婷

近现代燕赵蒙学演变

赵　娟　著

出版发行：知识产权出版社 有限责任公司	网　　址：http：//www.ipph.cn
社　　址：北京市海淀区气象路 50 号院	邮　　编：100081
责编电话：010 - 82000860 转 8339	责编邮箱：99650802@qq.com
发行电话：010 - 82000860 转 8101/8102	发行传真：010 - 82000893/82005070/82000270
印　　刷：北京中献拓方科技发展有限公司	经　　销：新华书店、各大网上书店及相关专业书店
开　　本：880mm×1230mm　1/32	印　　张：8.25
版　　次：2023 年 10 月第 1 版	印　　次：2023 年 10 月第 1 次印刷
字　　数：190 千字	定　　价：58.00 元
ISBN 978 -7 -5130 -8611 -0	

前　言

　　"蒙者，蒙也，物之稚也。"蒙学即启蒙之学，是中国古代教育的重要组成部分。古代蒙学极其发达，在清代尤其普遍。以蒙学为其核心内容的蒙学教材，是开展启蒙教育的基本读物。针对低龄儿童编写的意在使其读书习字、开启心智的教学材料，流传下来比较有影响的有《三字经》《百家姓》《千字文》《弟子规》等，它们是中华优秀传统文化的重要组成部分。

　　党的十八大以来，围绕传承和弘扬中华优秀传统文化，以习近平同志为核心的党中央站在历史与时代相结合的高度，将中华优秀传统文化的传承和发展作为治国理政的重要内容。2017 年 1 月，中共中央办公厅、国务院办公厅印发了《关于实施中华优秀传统文化传承发展工程的意见》，提出："实施中华优秀传统文化传承发展工程，是建设社会主义文化强国的重大战略任务，对于传承中华文脉、全面提升人民群众文化素养、维护国家文化安全、增强国家文化软实力、推进国家治理体系和治理能力现代化，具有重要意义。"2021 年 1 月，教育部印发了《中华优秀传统文化进中小学课程教材指南》，这是中华人民共和国成立以来，教育部首次对中小学课程教材如何有效落实中华优秀传统文化教育进行的顶层设计，同时也说明在中小学开展中华优秀传统文化教育对传承和弘扬中华优秀传统文化、培育时代新人至关重要，要让中华优秀传统文化在学生心中生根发芽。中华优秀传统文化的价值在当前被重估与高扬，充分说明了中华民族伟大复兴需要以中华文化发展繁荣为条件。本书研究近现代蒙学教育的发展历程，聚焦燕赵这一具有代表性的地区（以河北省为主，兼谈北京和天津），厘清该地区蒙学发展状况，对构建现代幼儿蒙学教育体系，寻找蒙学与幼儿园优秀传统文化教育传承的契合点具有一定的启发意义，也可在一定程度上为弘扬中华优秀传统文化贡献一份绵薄之力。

本书在编写过程中有如下特点：第一，在结构上，本书将燕赵蒙学分为上篇（燕赵蒙学发展概况）、中篇（燕赵蒙学在近现代面临的挑战）和下篇（中西文化冲突下燕赵近现代蒙学嬗变的内在动因）。上篇包括第一章（燕赵蒙学的产生与发展），中篇包括第二章（河北蒙学发展概况）、第三章（天津蒙学发展概况）和第四章（北京蒙学发展概况），下篇包括第五章（中西文化冲突下燕赵近现代蒙学的转型）和结语（近现代燕赵蒙学对当代教育的启示）。第二，在内容上，第一章分别介绍了古代、近现代燕赵蒙学的产生与发展，进而从教育体制、教育目的、教育内容、教育对象以及教育方式等方面阐述了古代和近现代燕赵蒙学关系演变。第二至第四章分别从职能、课程、教材、教法、管理五方面阐述了河北、天津和北京的蒙学发展概况。第五章则从教材、职能、课程内容、教法四方面论述了中西文化冲突下燕赵近现代蒙学的转型之路，并在此基础上对中西文化冲突下燕赵近现代蒙学的转型特点进行了总结。结语部分分别从职能变迁、课程变迁、教材变迁、教法变迁和管理变迁的角度详细论述了近现代燕赵蒙学对当代教育的启示。第三，在文字上，本书力求语言精练，引文翔实，必要处附有图片和表格，以增强本书的可读性、实践性和操作性。

本书的编写历时两年，是在河北大学赵娟老师的带领下，由几届研究生们共同参与完成的。范佳婧、郭美杉、霍旭阳、李江华、刘金霞、刘晓晴、马蓉、王豆豆、未秋月、常秀君、张超晋和张荣荣等同学参与了前期史料的收集、文字转录和整理工作，安博妍、崔楠、高嘉彤、刘航、王维兰和王艺霖等同学参与了编写和校对。赵娟老师进行了多次细致修改，最终统稿和定稿。

本书为 2021 年度河北省哲学社会科学基金项目"燕赵蒙学在幼儿园优秀传统文化教育中的实践研究"（项目编号：HB21JY032）的成果之一，同时受到河北大学燕赵文化高等研究院的资助。

本书可为广大致力于蒙学研究的教育者和研究者提供参考，也可为其他地区的蒙学发展研究提供一定的启迪。希求读者结合地方志、相关丛书、通史类书籍，辩证认识蒙学教育在历史转型中的合理和狭隘之处。

由于我们水平有限，编写经验不足，缺点乃至谬误在所难免，在此，我们真诚地欢迎所有使用本书的专家学者和读者提出宝贵意见，我们将本着虚心学习、合理吸收的原则，不断改进。

赵　娟

2023 年 5 月

目录

下篇 中西文化冲突下燕赵近现代蒙学
嬗变的内在动因

上篇

燕赵蒙学发展概况

第一章　燕赵蒙学的产生与发展

从发展脉络上看，燕赵蒙学可以划分为古代燕赵蒙学和近现代燕赵蒙学两个阶段，在本书中，前者主要指明清时期有据可考的燕赵蒙学，后者指从 1840 年开始到中华人民共和国成立这段时间内的燕赵蒙学。本章第一节首先做概念辨析，之后从发展脉络和蒙学教材两个方面介绍古代蒙学的产生和发展，最后介绍古代燕赵蒙学的发展脉络。第二节梳理传统蒙学逐渐转变为近现代燕赵蒙学的过程，并介绍近现代小学课程和学制的变化。第三节探讨古代和近现代燕赵蒙学在教育体制、教育目的、教育内容、教育对象、教学方式等方面的关系。

第一节　古代燕赵蒙学的产生及发展

蒙学最早出现于商周时期，是古代儿童启蒙教育的重要形式。在中国两千多年的封建历史上，古代蒙学教育的发展历经了萌芽期、发展期和兴盛期三个阶段，每个阶段都有代表性的蒙学教材作为儿童启蒙教育的教科书。古代燕赵地区关于蒙学最早的系统性史料记载始于明朝，且明清时期蒙学发展规模较大，在形式上以社学、义学和私塾为主。这三种教育机构虽然在性质和教学形式等方面有所不同，但都以启蒙、教化儿童为目的。本章将首先厘清蒙学的相关概念并界定本书的主要研究内容，之后从发展脉络和蒙学教材两个方面探究古代蒙学的产生与发展过程。最后通过研究明清时期燕赵地区社学、义学、私塾三种教育机构的发展，呈现古代燕赵蒙学的发展历程。

一、古代蒙学的产生与发展

（一）蒙学概念辨析

"蒙学"亦称"蒙馆"，《辞海》将"蒙学"解释为："中国旧时对儿童进行启蒙教育的学校。"王国维在《汉魏博士考》中说："汉时教初学之所名曰书馆，其师名曰书师，其书用《仓颉》《凡将》《急就》《元尚》诸篇，其旨在使学童识字习字。"①《汉书·艺文志》曾记载："《史籀篇》者，周时史官教学童书也，与孔氏壁中古文异体。"②可见自周朝便有字书，《史籀篇》是史官教授幼童所用的蒙学课本。

关于"蒙学"的释义，当代学术界也给出了一些界定。徐梓在其《中华蒙学读物通论》一书中提到"蒙学亦即启蒙之学，相当于现在的小学"。③蒙学作为对儿童进行启蒙教育的学校，入学年龄没有严格限制，入学后先集中识字，再学习"四书"等儒家经籍。④但是，把蒙学单纯地说成是学校，实在是偏狭了一些。其

① 王国维. 汉魏博士考［M］. 台北：台湾商务印书馆，1976：75.
② 班固. 汉书［M］. 杭州：浙江古籍出版社，2000：1104.
③ 徐梓. 中华蒙学读物通论［M］. 北京：中华书局，2014.
④ 教育大辞典编纂委员会. 教育大辞典：第三部分 中国教育史［M］. 上海：上海教育出版社，1997：1081.

实蒙学是一种特定层次的教育，特指对儿童所进行的启蒙教育，包括教育的目的、教学的内容、教学的方法等多方面的内容。这种教学旧时在书馆、乡学、村学、家塾、冬学、义学、社学等名称不同的处所进行。① 本书主要研究近现代燕赵地区蒙学教育的发展状况。

社学是元、明、清时期设立于城乡的地方学校，有官立、私立等多种形式，用于宣传封建伦理教化。②

"义学"包含三种含义：一指佛教教义的学说，"是对名相、因果等学问的研究"③；二指讲求经义之学，主要研究经书中旨意精邃的学问；三指义塾，是"中国旧时靠官款、地方公款或地租设立的蒙学，对象多为贫寒子弟，免费上学"。④ 本书所讲的义学当为第三种含义。明代刘崧在《武山义塾记》中也提到过"义学"中"义"的含义，"塾者何？所以教于家者也。塾而谓之义者何？推其教于家者，以教其乡人之子弟也"⑤，从中能看到刘崧认为义塾（义学）是从家塾的基础上发展而来，其教育对象由一家推广到了一乡之子弟。这也体现了义学的目的，即让广大儿童都能够接受教育。

私塾是指私人创办的小学，有的是塾师为求谋生而设立的学馆，有的是地主为提高家族子弟教育水平而设立的家塾，也有的是以祠堂、庙宇捐款设立的私塾等。一所私塾一般只有一位教师，

---

① 徐梓. 中华蒙学读物通论［M］. 北京：中华书局，2014：2.

② 教育大辞典编纂委员会. 教育大辞典：第三部分 中国教育史［M］. 上海：上海教育出版社，1997：1367.

③④ 夏征农，陈至立. 辞海［M］. 上海：上海辞书出版社，2009：2713.

⑤ 张昦. 江西通志：卷一百二十九［M］. 上海：上海古籍出版社，1988：538.

采用个别教学法，因材施教，教育内容以识字为主；学生年龄大小不等，教材及学习年限无统一的规定。①

（二）古代蒙学的发展脉络

1. 古代蒙学教育的萌芽期

众所周知，蒙学教育承担着启蒙识字和教授基本知识的责任，它奠定了人一生受教育的基础。中国自古以来就是一个注重文教的国家，因此中国古代蒙学教育起源较早，在西周时期就已经出现相关的记载，所谓"蒙以养正，圣功也"。"蒙学"一词源于《易经·蒙卦》②。《礼记》记载：

> 子能食食，教以右手。能言，男唯女俞。男鞶革，女鞶丝。六年，教之数与方名。七年，男女不同席，不共食。八年，出入门户及即席饮食，必后长者，始教之让。九年，教之数日。十年，出外就傅，居宿于外，学书计。衣不帛襦袴。礼帅初，朝夕学幼仪，请肄简谅。十有三年，学乐、诵诗、舞勺。成童舞象，学射御。③

此时已经对儿童的教育内容进行了明确的规定，不同年龄段，学习不同的内容，且男童、女童教育内容略有不同。男童在回应上用"唯"，女童用"俞"。④ 穿着上，男童"鞶革"，女童"鞶

---

① 教育大辞典编纂委员会. 教育大辞典：第三部分 中国教育史［M］. 上海：上海教育出版社，1997：1461.

② 阮元. 十三经注疏：上册［M］. 北京：中华书局，1980.

③ 孙希旦. 礼记集解：卷十二［M］. 北京：中华书局，1989：768－770.

④ 《礼记·曲礼》中提到"父召无诺，先生召无诺，唯而起"；《虞书》中提到"帝曰：'俞，往哉！汝谐。'""俞，往，钦哉！"；《礼记·内则》中也提到"男唯，女俞。"由此，孙希旦在《礼记集解》中写道："唯、俞皆应辞。但唯之声直，俞之声婉，故以为男女之别。"

丝"。这时儿童已经开始学习简单的计数、方名、数日以及简单的礼仪。春秋战国时期，统治阶级非常重视儿童教育。当时各家观点学说在社会上传播，形成道、儒、墨、法、阴阳、名、农等学派。孔子提出"性相近也，习相远也"的教育观念，强调教育对人后天影响的重要性；老子提出"含德之厚，比于赤子"①，又说"圣人在天下，歙歙焉，为天下浑其心，百姓皆注其耳目，圣人皆孩之"②，从而揭示教育的重要性和孩童教育的重要性；墨家"兼爱"思想主张不分亲疏贵贱平等视之，对教育普及具有积极意义；法家的"以吏为师""以法为教"也对教育理念作出了贡献。随着教育的兴盛，古代第一篇教育学专论《学记》出现了。《学记》阐明了儿童接受的基本文化知识和礼仪规范，以及男女不同的教育内容。当时的童蒙教育主要由家庭教育和社会教育两部分构成，这一切都是中国古代教育兴盛和成熟的表现。

2. 古代蒙学教育的发展期

秦汉魏晋时期是我国古代蒙学教育的发展期，以识字为主要功能。整个先秦时期的蒙学教育都在不同程度地发展着，它们各具特色，对后世蒙学教育理念产生了重要的影响。但是蒙学真正得以发展和完善却是在两汉时期，汉武帝实行"独尊儒术"的文教政策，正式确立了儒家思想的正统地位。在此政策的引导下，人们开始倡行"学而优则仕"，这就更加刺激了全国蒙学的发展。魏晋时期，随着东汉"世卿世禄"的发展，门阀世族阶层开始形成，家学也随之兴盛起来，记载魏晋时人故事的《世说新语》中就特设"夙惠"一章来描写神童，说明儿童在这一时期开始受到

①② 陈鼓应. 老子注译及评介 [M]. 北京：中华书局，1984：269.

重视，当然，引起关注的只是世家子弟。隋唐时期，科举开始设立并逐渐发展，选举特设童子科。《玉海·唐童子科》记曰：

> 志童子科，十岁以下能通一经及《孝经》《论语》，诵文十通者予官，通七者予出身。会要广德二年五月庚申停童子贡，大历三年三月，敕童子举取十岁以下者。十年五月癸卯停。开成三年诏不得更有闻荐，而以童子闻荐者比比有之。[①]

唐代童子科有"杨炯举神童""刘晏玄宗封泰山八岁献颂""李泌奇童"等记载。由此可知，童子为了应试，需要从小就学习儒家典籍，从幼时接受教育。

3. 蒙学教育的兴盛期

宋元明清时期是我国古代蒙学进一步发展和逐渐鼎盛的时期，以教授三纲五常道德规范以及知识为主要功能。

宋时蒙学在继承前朝的基础上进一步发展，蒙学理论也在继承前代重视德化教育的基础上，朝着系统化、理论化的趋势发展。蒙学教材和机构的日渐增多则是蒙学繁荣的重要表现之一。元朝的蒙学教育尊儒尚学，同时也有较深的宋代理学思维掺杂其中，多实行"分斋教学法"，即按照学生所读的书分"班"教学。社学是元代蒙学教育的主要形式，因得到中央政府的法律认可而被普遍设立。明清时期，蒙学的发展更加成熟，其规模更大，更为系统。原因在于国家层面给予了蒙学教育特别关注。承载明代蒙学教育的是社学、义学、私塾、家馆等各类教学组织。社学是由政府承办的，而义学、私塾、家馆、乡学等大多是由家族或者士绅承办的。明代魏校曾在《庄渠遗书》中提及："父兄如有故违，不

---

① 王应麟. 玉海：卷一百一十五 [M]. 扬州：广陵书社，2016：2168.

送子弟入社学者，提问坐罪。"① 这表明政府在全国强制普及基础教育，甚至强烈要求适龄的儿童进入社学学习。这种做法使得明代的社学带有一定的义务教育性质，所以明清时社学的建立将更多的蒙童纳入了受教育体系当中，扩大了明清蒙学教育的受教对象。而义学以及私塾等教育机构的学习内容以及所用的教材与社学也相差无几。因此，社学、义学、私塾、家馆等蒙学教育机构的普遍设立，促使明代的蒙学教育受到社会的广泛重视，促使蒙学教育普及化。

（三）古代蒙学教材

原始社会，通过亲身示范教授儿童渔猎的技巧，属于生产性的基础教育。进入文明社会以来，特别是文字出现以后，人们开始对儿童进行文化教育与社会教育。周时已出现用来教儿童识字的字书。据传，西周的《史籀篇》是中国历史上能追溯到的、最早的蒙学作品，《汉书·艺文志》对该书的评论是："《史籀篇》者，周时史官教学童书也。"② 秦时蒙学著作有《仓颉》《爰历》。汉魏时期的蒙学著作是《急就篇》《苍颉篇》《千字文》。《千字文》全文总计一千字，其特点是开始涉猎自然科学以及地理知识，其中也掺杂了许多伦理道德教育，如到现在人们依旧耳熟能详的"知过必改，得能莫忘"等佳句。魏晋时期的童蒙文献，在继承前朝的基础上有所发展，这一时期还是以字书为主。《隋书·经籍志》记曰：

汉时以六体教学童……自后汉佛法行于中国，又得西域

① 魏校．庄渠遗书：卷九［M］．上海：上海古籍出版社，1993：867.
② 班固．汉书艺文志：卷六［M］．上海：商务印书馆，1955：89.

胡书，能以十四字贯一切音，文省而义广，谓之婆罗门书，与八体六文之义殊别……魏正始中，又立三字石经，相承以为七经正字……其相承传拓之本，犹在秘府，并秦帝刻石，附于此篇，以备小学。①

魏晋时，随着佛教的传入、文字的发展，字书也随之进行补充，可见于《经籍志》的有《小学》《少学》《启蒙记》《发蒙记》《玉篇》《俗语难字》等。除此之外，还有比较重要的《千字文》与《开蒙要训》。隋唐时期，随着科举制的设立，儿童开始学习儒家经典。尤其是唐代童子科的设立，要求"志童子科，十岁以下能通一经及《孝经》《论语》，诵文十通者予官，通七者予出身"。② 同时，唐代童蒙文献的撰著在数量上有很大发展。除继续使用《千字文》外，唐代还编著了《碎金》《杂抄》《上大夫》等篇，同时出现的还有《太公家教》《兔园册府》。此时还出现了较为专业的历史文献，如李瀚的《蒙求》。③ 宋时蒙学教材无论在数量还是质量上都有着质的变化。其中，对现代儿童教育仍有广泛影响的作品有《三字经》《百家姓》。此外，《启蒙初诵》《开蒙要训》《小学绀珠》《名物蒙求》等也是宋时蒙学教材。明清时期科技、印刷术的进步，进一步加速了蒙学教材的发展，不仅历代流传下来的蒙学教材大多出现明清注释版，还出现了许多新型的蒙学教材。例如，综合类蒙学教材有程登吉编著的《幼学琼林》；历史类蒙学教材有李廷机的《五字鉴》；诗歌类蒙学教材有《童蒙须知韵语》《蒙学诗教》《声律启蒙》等；识字类蒙学教材有清代王

① 魏徵. 隋书 [M]. 北京：中华书局，1973：946-947.
② 王应麟. 玉海：卷一百一十五 [M]. 扬州：广陵书社，2016：2168.
③ 徐柏文. 宋代理学家童蒙文献研究 [D]. 长春：吉林大学，2012.

相编著的《三字经训诂》、清代何桂珍编著的《训蒙千字文》等；道德类蒙学教材有《弟子规》《小儿语》《家常语》《增广贤文》等。

回顾我国古代蒙学的发展历史，不难看出，随着历朝历代教育实践活动的深入，蒙学教育体系逐渐趋于成熟。这为今日学前教育的教材、教法等研究提供了很多建设性的构想和方案。

二、古代燕赵蒙学的产生与发展

如前所述，我国古代蒙学教育最早出现在商周时期，秦汉魏晋是蒙学的发展期，宋元明清时蒙学进一步发展，进入鼎盛时期，而古代燕赵蒙学最早的史料记载出现在明朝。

（一）社学的产生与发展

社学是设在全国广大城镇和乡村地区的一种用于启蒙的教育组织形式，以乡村比例为最大，具有地方小学的性质。社学始创于元朝至元二十三年（1286 年），有官立和私立多种形式。至明洪武元年（1368 年），明太祖朱元璋为巩固统治，将其统治理念贯彻到基层社会，便在全国范围内建起基层教育体系。洪武八年（1375 年），朱元璋诏天下设学校。由此，明朝在全国乡村地区建立了教育体系。燕赵地区社学始于洪武九年（1376 年），如新安知县王思祖在州治西南创建社学①，容城（今保定市容城县）社学建于县治西南街北。② 然而，政策的执行效果不尽如人意。社学政策

① 李培祜. 保定府志：卷二十九 礼政略二 ［M］. 刻本. 北京：中华书局，1886（光绪十二年）.
② 俞廷献，吴思忠. 容城县志：卷三 书院十九 ［M］. 刻本，1896（清光绪二十二年）.

的推行，弊端丛生。燕赵各地的社学屡废、屡修。推行教化之举，渐渐成为害民之举，最终停办。洪武十六年（1383年），朱元璋将社学改回元代的办学模式，主要是在每年冬闲季节进行教学；减少政府干预，倡导地方贤德之士兴办社学，教授学生，招收学生不限年龄及数量，学校场所可以任意选择。这些条件使社学在推行过程中的强制性大大降低。之后，社学几度兴盛。如：成化中，新安邑尹李俊建社学于察院西，延聘儒士以教民家子弟，使"里巷童冠彬彬皆俊雅焉"；弘治九年（1496年），社学不足以容纳生徒，迁移察院南；弘治十三年（1500年），知县周伦重修，学校达到鼎盛，"生徒聚斯者，蠲徭役以优之，迄今百八十年"。① 至明万历间，移建帝庙于内，而社学仍名如故。鼎革后，庙圮学亦废。李公天㙊追复古制，于庙后，市地亩余，建厅三楹，集生徒而供以膏火。②

受到明末社会动荡和清初战争的影响，燕赵地区的社学破败不堪。清廷入关后，开始着手恢复社学体系。在这一背景下，燕赵各地开始社学的重建工作，社学体系在一定程度上得以恢复。顺治十三年（1656年），前任新安县教谕举人，见民间俊秀往往学业不能成就，特捐俸银二百两，重为修葺学官，延聘经蒙二师，训课民间子弟。③ 至康熙年间，燕赵地区各社学达到繁荣。如新安县（今雄安新区）社学，康熙二年（1663年），本邑大司寇高景

---

① 高景，夏祚焕．新安县志：卷二 学校九 [M] //中国地方志集成：河北府县志辑：第34册．刻本．上海：上海书店出版社，1647（清顺治四年）.

② 陈洪书，王锡侯，陈启光．望都县新志：卷二 社学二十三 [M]．刻本，1771（清乾隆三十六年）.

③ 高景，夏祚焕．新安县志：卷二 学校十一 [M] //中国地方志集成：河北府县志辑：第34册．刻本．上海：上海书店出版社，1647（顺治四年）.

捐资重修敬一亭，荫生高翼化捐资重修乡贤祠，设经蒙二馆，延师教读，以储备人才；康熙五年（1666年），邑侯张四维、训导王显暨等人重修明伦堂；康熙十年（1671年），训导王显暨等人重修魁星阁；康熙十九年（1680年），邑侯夏祚焕捐募，善人张北重修文昌阁，次年即延师训蒙，又拟师说条规悬挂学内，并禀请立案，以垂久远。① 乾隆年间，社学社田多被侵占。如望都县社学，乾隆二十八年（1763年），前令卫公学诗，清查侵隐，收田租，于尧母庙中增置房屋延师，以课生童，立碑见艺文，后被僧徒上控，复多取回，以植正学而培士气。② 此后，社学逐渐改为书院，至此衰败。

（二）义学的产生与发展

义学是明清时期为贫寒子弟而设置的教育机构。义学最早出现于宋代，但它仅限于教授本宗族的弟子，招生范围比较小。因它得到宗族内部的认同，便在各地逐渐兴盛起来，许多族塾义学随之创办，以使更多的宗族子弟接受教育。到元朝时，义学的规模还不是太大，只是延续了宋代宗族义学的发展。明初，社学兴办蔚然成风，而义学发展相对缓慢。因为义学多数没有学田支持，再加上义学制度不够完善，所以义学发展不够兴盛。直到明朝中后期，义学才有所发展。明代最早的义学是在明万历年间，刘兑（新安人，字景泽）创办三台义学，建制齐备，有正堂、东西斋及仪门，仪门上题曰"秉义作人"，高巍端肃，敞亮宏丽；东西斋前

---

① 高景，夏祚焕. 新安县志：卷二 学校十一 ［M］//中国地方志集成：河北府县志辑：第34册. 刻本. 上海：上海书店出版社，1647（顺治四年）.
② 陈洪书，王锡侯，陈启光. 望都县新志：卷二 社学二十四 ［M］. 刻本，1771（清乾隆三十六年）.

有坊一座，上面刻有"三台义学"；坊前有泮池，池内有莲花；义学后面向西为精舍，是师生学习切磋技艺之所。三台义学，有堂、有斋、有厨库、有门楼、有莲池、有枣园、有菜畦，柳荑相连，荷风满袖，自然环境优越，还有零星可耕之地二十亩，为士人薪水。一时之间，名士相约而至，谈经论道，士风为之一振。① 三台义学给当地的学生提供了良好的学习机会，学生们倍感珍惜，奋发图强。这在当时的社会中，是一种深受地方人民推崇的学校教育。

入清，康熙二十五年（1686 年），清政府下令查革社学："社学近多冒滥，令提学严行查革。"② 受此影响，社学的兴建活动开始减少，各地方官员都将精力放在了开设义学上。如康熙五十四年（1715 年），容城县李喆纯正明理，在家侍奉双亲的时候效法范仲淹，认为应设立义学培植幼童。他在沙河村创办义学时，苦无经费，自置田五十亩，以为膏火之资，聘请名士。③ 康熙年间，新安县的几个村建三所义学，一所在曾家庄，一所在三台村南，一所在城内东街。一时之间，书声琅琅，不绝于耳。村中人们争相追慕风雅，文士谈吐斯文，大大推动了新安县百姓的教化。④ 康熙十年（1671 年），雄县（今雄安新区）贡士赵胤龙兴建马神庙义

---

① 高景，夏祚焕. 新安县志：卷二 [M] //中国地方志集成：河北府县志辑：第34 册. 刻本. 上海：上海书店出版社，1647（清顺治四年）.

② 璩鑫圭. 中国近代教育史资料汇编：鸦片战争时期教育 [M]. 上海：上海教育出版社，1990：314.

③ 俞廷献，吴思忠. 容城县志：卷三 书院十九 [M]. 刻本，1896（清光绪二十二年）.

④ 高景，夏祚焕. 新安县志：卷二 学校九 [M] //中国地方志集成：河北府县志辑：第34 册. 刻本. 上海：上海书店出版社，1647（清顺治四年）.

学，并捐田四十亩，生员王耀捐田一顷，内监郭宪臣捐田四十亩，知县姚文爕拨官濠地四十六亩一分九厘等，均作为学校经费。[①] 因此，义学的办学资金充裕而稳定，深得当地人的爱护。康熙十五年（1676 年），雄县知县谢檀龄建南关白衣庵义学，环境幽静雅致，利于教书育人；又置学田四顷三十二亩零八厘二毫，坐落狄夏头、小崔营、大营、王槐、开口等村，以保证学校办学秩序的稳定及常规活动的良好运行。[②] 直到清末，义学都是地方启蒙教育机构的重要组成部分。

（三）私塾的产生与发展

私塾是指私人设馆教学的地方，是中国古代封建社会主要的私学形式之一。"塾"最初的本义是门的两侧，《尔雅·释宫》有云："门之侧谓之塾。"西周时期，"学在官府"，当时只有官学而没有私学，因此形成了中央有国学、地方有乡学的教育体制。"塾"是当时地方上最小的教育机构，被称为"家塾"，隶属于乡学。到了汉代，"塾"作为乡学亦即地方官学的性质发生了根本性的变化。在地方官学的各类机构中，"塾"这一称呼不再出现，反而在私学体系中出现了"乡塾"这种机构。汉代的私学既有较高级别的讲授经文的经馆，也有初级的书馆，"乡塾"作为书馆到经馆的过渡或预备，已经从官学转变成私学性质的教育机构"私塾"。到了明清时期，私塾呈现出繁荣发展的局面，机构遍及全国各府州县。通过整理地方志发现，古代燕赵大地上的私塾种类和数量非常之多且历史悠久。藁城（今石家庄市藁城区）最早有记

①② 秦廷秀，刘崇本．民国雄县新志：第二册［M］．沧州：吴桥金鼎古籍印刷厂，2015：40．

载的私塾是金开兴元年（1232年），元监军石抹陈奴让安滔教其子弟而开办的家塾。① 藁城的私塾，唐朝以后趋于成熟，推行于达官贵人、富户豪绅家庭。宋元时期，一些庶民子弟也开始接受蒙养教育。明清更进一步发展。藁城历代涌现出许多有名望且多成就的私塾先生，如元代安熙，不仅教授乡里，且在封龙山聚徒讲学。其教以敬为本，"以经术为先，弟子去来常百余人"。另外还有王祁、李士兴，明代田发、高宏，清初贾廷桂、崔守岱、李贵、尚淳、张龙光、董奋帷等，皆桃李盈门，教授成才者颇多。② 行唐（今石家庄市行唐县）私塾始于战国，至明清已较为普遍。道光年间，口头镇举人赵大山（曾任湖北建始知县）晚年开设的赵氏私塾在当时颇有名气，该私塾有宿舍，学生遍及附近数县，灵寿县慈峪镇马氏兄弟二人在赵先生的教诲下，双双考中进士，一时被传为佳话。③ 汉代时即有儒士在正定（今石家庄市正定县）、获鹿（今石家庄市鹿泉区）等地收徒讲学。隋唐创行科举制度后，私人讲学之风日甚，科考落第学子，纷纷办学授书。宋时，正定城内塾馆纷开，成为蒙童识字之所。金元时期，正定曾有女真人私学，教授女真文字。明清时，私塾再度发展，遍及城乡。④ 明清时，高阳（今保定市高阳县）县城及部分村落均有私塾，由当地秀才或

① 藁城市地方志编纂委员会. 藁城之最 [M]. 深圳：中国国际图书出版社，2005：117.
② 藁城市地方志编纂委员会. 藁城市情三百问 [M]. 呼和浩特：远方出版社，2004：119 – 120.
③ 行唐县地方志编纂委员会. 行唐县志 [M]. 北京：中国对外翻译有限公司，1998：555.
④ 石家庄市地方志编纂委员会. 石家庄市志：第五卷 [M]. 北京：中国社会出版社，1999：6.

稍具学识者为师，设帐授徒，富户设专馆教授子弟。① 深县（今衡水市深州市）境内私塾久已有之，其中有一种免交学费的义塾，又称义学。清康熙十一年（1672 年），于州城西玉带街东口废祠内建义学。康熙五十四年（1715 年），知州郭维宁在州城城隍庙街置义学。康熙五十七年（1718 年），诸生刘翼轸、刘泰阶父子创西景萌义学。乾隆二年（1737 年），知州俞士恒废大魏村旧庙，改为义学。乾隆十四年（1749 年），知州姜泰嗣立大冉庄义学，并立西景萌、大魏村、大冉庄三学。道光三年（1823 年），知州张杰尽逐僧道："悉括境内废庙田，得五千四百四十余亩，增立义学至二百四十五区，定师范五章、学规制九十六章，集录学田亩为书，于是州境义学为天下最。"然而时间不长，义学便大都废弃，学田被豪民侵夺。至道光七年（1827 年），深州仅余西景萌村、大魏村、西郎里村、大堤上村、清辉头村、邵甫村六处义学，共有地约二百五十八亩。②

明清时期的私塾种类较多且不同地区的称呼有所不同，按照办学主体或投资主体的不同一般可分为三种形式：一是由乡里富豪之家出资并提供场所，聘请饱学之士教授子弟的机构，称家塾、专馆、学馆；二是由塾师自己开设学馆招生授业，学生以财资或谷物作为学费，称为门馆、自设蒙馆；三是由几位同村或同族的家长共同聘请塾师执教，教室或设在家族祠堂，或在家宅空屋，塾师的伙食、薪俸由学生家长共同承担，称之为朋学、义馆、公馆、村馆、村塾、族塾。在学习的内容上，一般使用《千字文》

---

① 高阳县地方志编纂委员会. 高阳县志［M］. 北京：方志出版社，1999：798.

② 河北省深州市地方志编纂委员会. 深县志［M］. 北京：中国对外翻译出版公司，1999：432.

《百家姓》《三字经》《名贤集》《弟子规》《庄农杂字》《增广贤
文》等作为教材，待学生学到一定程度开始教授"四书五经"，在
教学上一般采用诵读唱念、死记硬背的方式并且体罚盛行。学生
到私塾上课不分年级、班次，大多是一个学馆有一名老师，但生
徒有八九人不等。

第二节　近现代燕赵蒙学的产生及发展

　　步入近现代后，燕赵蒙学延续了古代蒙学的存在和发展方式，
继续承担着为儿童提供启蒙教育的职责。但由于受到社会环境和
西方先进教育思想的双重影响，传统的燕赵蒙学教育在数量、形
式等方面逐渐发生了变化。明清时期燕赵地区的蒙学发展总体上
比较繁盛，社学、义学和私塾的数量也达到了顶峰。但在 1840 年
后，燕赵地区的蒙学数量开始减少，逐渐转变为幼稚园和小学堂，
且这种现象在进入 20 世纪后变得更加明显。无论是清末新政时期
颁布的癸卯学制，还是科举制度的废除，都在一定程度上加速了
燕赵蒙学的衰落。本章将在地方志资料的基础上，结合时代背景
和颁布的教育政策，探究燕赵蒙学转变为幼稚园和小学教育的过
程，并总结近现代史上小学课程和学制的变化。

一、传统蒙学走向幼稚园阶段

　　中国近现代史始于 1840 年鸦片战争爆发，终于 1949 年中华人
民共和国成立，以 1919 年五四运动为界线又划分为近代和现代。
鸦片战争爆发后，中国逐渐沦为半殖民地半封建社会，随着西方

教育思想的不断涌入和清末科举制的废除，中国的幼儿启蒙教育
受到了巨大的影响。

　　通过整理地方志发现，明清时期燕赵地区兴盛的社学、义学
和私塾总体上走向衰落，逐渐被幼稚园或新式学堂取代。例如，
《高阳县志》记载：清末民初，县城有南街、北街、西街、东关四
处私塾，民国二年（1913 年）均改为学堂。① 表 1－1、表 1－2 为
宣统元年（1909 年）高阳县高等小学堂及初等小学堂统计表。

表 1－1　宣统元年（1909 年）高阳县高等小学堂统计表②

名称	地址	设立年月	学科	教职员数/人		学生数/人		经费银两/两	
				教员数	职员数	在堂人数	毕业人数	岁入	岁出
高阳县官立高等小学堂	城内东街书院	光绪二十八年七月	必修科目	3	1	99	16	3792	3701

表 1－2　宣统元年（1909 年）高阳县初等小学堂统计表③

类别	学校数/所	职员数/人		教员数/人		学生数/人		经费银两/两	
		职员数	曾入学堂及出洋者	总人数	曾学习师范者	在堂人数	毕业人数	岁入	岁出
公立	58	77	3	61	55	1002	—	4836	3888
私立	1	1	0	1	1	19	—	125	84
合计	59	78	3	62	56	1021	—	4961	3972

　　①　高阳县地方志编纂委员会. 高阳县志［M］. 北京：方志出版社，1999：798.
　　②③　高阳县地方志编纂委员会. 高阳县志［M］. 北京：方志出版社，1999：800.

　　《安国县志》（安国，今保定市安国市）记载：清光绪三年
（1877 年），义学改为初等小学堂。[①] 尽管大部分的社学、义学和
私塾被取代，但私塾相比社学和义学存在的时间更长。《新乐教育
志》（新乐，今石家庄市新乐市）记载，光绪三十四年（1908
年），废科举、兴学堂。始于旧县城书院（今承安镇中学处）办县
立高等小学堂一所，乡下较大村镇共开办初等小学堂十二所，同
时大部分村镇仍保留私塾。[②] 表 1 - 3 显示了民国时期新乐县小学
教育发展情况。

表 1 - 3　民国时期新乐县小学教育发展情况[③]

时间	学校数/所			在校学生数/人			毕业生数/人		7—15周岁儿童入学率/%	教职员数/人		
	合计	高小	初小	合计	高小	初小	高小	初小		合计	高小	初小
民国三年（1914 年）	44	1	43	607	88	519	18		10.26	46	3	43
民国四年（1915 年）	75	1	74	1749	93	1656			23.66	78	4	74
民国十年（1921 年）	84	1	83	2353	150	2203		178				
民国十二年（1923 年）	87	1	86	2662	188	2474	48	216		92	5	87
民国十七年（1928 年）	90	2	88	2746					9.7	91		

---

① 安国市地方志编纂委员会. 安国县志 [M]. 北京：方志出版社，1996：714.
② 新乐教育志编纂委员会. 新乐教育志 [M]. 石家庄：河北教育出版社，1999：80.
③ 新乐教育志编纂委员会. 新乐教育志 [M]. 石家庄：河北教育出版社，1999：85.

续表

时间	学校数/所			在校学生数/人			毕业生数/人		7—15 周岁儿童入学率/%	教职员数/人		
	合计	高小	初小	合计	高小	初小	高小	初小		合计	高小	初小
民国二十六年（1937 年）	43			1295								
民国二十七年（1938 年）	15			510								
民国二十八年（1939 年）	39			4834								
民国三十年（1941 年）	62	9	53	3047	580	2467				91	18	73
民国三十七年（1948 年）	198	24	174	11327	1498	9829			47.8	307	43	264

注：1. 民国十七年（1928 年）数据含女子初小、高小各一处；

2. 民国三十七年（1948 年）各数据含定县两个区。

《获鹿县志》记载：获鹿县农村私塾延续时间很长，据民国二十六年（1937 年）调查，全县还残存私塾二十三所，有塾生四百余名。[①]《定兴县志》记载，民国二十九年（1940 年），全县尚有私塾二百多所，学生五千余人。1948 年 7 月，全县解放，私塾才最后结束。[②] 也有地方志记载，至民国三十四年（1945 年）抗日战

① 河北省鹿泉市史志编纂委员会 . 获鹿县志［M］. 北京：中国档案出版社，1998：605.

② 河北省定兴县地方志编纂委员会 . 定兴县志［M］. 北京：方志出版社，1997：550.

争结束，辛集市（今石家庄市辛集市）私塾才绝迹。① 到了抗日战争时期，私塾的数量因受到战乱影响有所减少，据《晋县县志》（晋县，今石家庄市晋州市）记载：晋县私塾延续时间较长，民国十七年（1928 年）尚有私塾三十五所，学生八百八十五人，至"七七事变"私塾渐趋消失。② 在抵抗日寇侵略的过程中，私塾在反抗日本帝国主义实行奴化教育方面起到了重要的作用。如 1937 年"七七事变"后，石家庄人民为抵制日伪奴化教育，延长了私塾存在时间，到 1940 年后才陆续结束了私塾这种封建的办学形式。③

近代以来，西方对幼儿教育的重视程度逐渐提高，尽管当时的中国已开始接触西方幼儿教育思想，但发展极为缓慢。清同治八年（1869 年），直隶总督刘长佑在保定创设育婴堂一所。这是保定第一所官办的幼儿教育机构，该堂一直办到 1937 年方告终结。④ 到清朝末年，各地兴办蒙养学堂及高等小学堂。《易县志》（易县，今保定市易县）记载："学前教育专为 4—7 岁幼儿在入小学之前进行启蒙教育。民国以前设有蒙养院、蒙养学堂，民国年间改为幼稚园。"⑤《徐水县志》（徐水，今保定市区）记载："民国初年，境内 10 余所初级小学设半年级（也称幼稚班），有的和一年级学

① 王登普. 新编中国优秀地方志简本丛书：辛集市志 [M]. 北京：方志出版社，1999：245.

② 河北省晋州市地方志编纂委员会. 晋县志 [M]. 北京：新华出版社，1995：614.

③ 石家庄市长安区地方志编纂委员会. 石家庄市长安区志 [M]. 北京：中国社会出版社，1997：475.

④ 保定市地方志编纂委员会. 保定市志：第四册 [M]. 北京：方志出版社，1999：15.

⑤ 易县地方志编纂委员会. 易县志 [M]. 北京：中央编译出版社，2000：902.

生在一起学习，有的单独编班。课程设图画、唱歌，半年后升入小学一年级。"① 《唐县志》（唐县，今保定市唐县）记载："民国二十二年（1933 年），民国政府曾颁文要求县城开办幼稚园未果。"② 清末，石家庄各县曾设蒙养院或保姆讲习所。1901 年 9 月，各地书院均改设为学堂。1903 年，各县设立地方教育机构——劝学所。1905 年科举制废除，师范学堂、幼儿教育（保姆讲习所、蒙养院等）机构应运而生。③ 进入新民主主义革命时期（1919—1949 年）之后，一些地区开始兴办幼儿教育，但有些受到了日寇侵略的影响而停办。民国十四年（1925 年）春，石家庄创办贫民教养院，内设育婴和孤儿两所，收容教养孤苦儿童数十名。④ 藁城幼儿教育始于民国二十一年（1932 年），是时在女子乡村师范学校附设幼稚园一所，招收四至六岁幼儿约二十名，有教养员一人，设置识字、手工剪纸、图画、音乐、游戏等课程。每天上午、下午各学习两小时。幼儿不住宿。抗日战争爆发后停办。⑤ 民国初，晋县一些条件较好的小学始设半年级。"七七事变"后，学前教育停顿，民国三十四年（1945 年）后恢复，称小学预备班。民国三十七年（1948 年），全县预备班学生共有四千一百一十三人。⑥

---

① 徐水县地方志编纂委员会. 徐水县志［M］. 北京：新华出版社，1998：570.

② 河北省唐县地方志编纂委员会. 唐县志［M］. 石家庄：河北人民出版社，1999：659.

③ 石家庄地区地方志编纂委员会. 石家庄地区志［M］. 北京：文化艺术出版社，1994：923.

④ 石家庄市地方志编纂委员会. 石家庄市志：第五卷［M］. 北京：中国社会出版社，1999：8.

⑤ 藁城市地方志编纂委员会. 藁城县志［M］. 北京：中国大百科全书出版社，1994：395.

⑥ 河北省晋州市地方志编纂委员会. 晋县志［M］. 北京：新华出版社，1995：614.

二、传统蒙学走向小学教育阶段

近代以来受到西方和日本教育思潮的影响，"小学"作为学制中的概念被人们重新认识，1902 年制定的壬寅学制和 1904 年颁布的癸卯学制都将小学教育纳入学制体系中。新式学堂作为小学教育的主体，逐渐代替了社学和义学。清光绪三十一年（1905 年），朝廷颁布"废科举、兴学堂"的诏书，这标志着中国近代制度化教育的兴起。废除科举后，多地停办社学和义学，开始创办新式学堂。《博野县志》（博野，今保定市博野县）记载，光绪三十二年（1906 年），废科举、兴学校，教育出现了新的转折。翌年，博野县立第一小学成立。① 《望都县志》（望都，今保定市望都县）记载："清光绪二十七年（1901 年）创办的县立小学堂是县内近代教育的第一所小学，后各村陆续兴办小学堂。到清朝末年，县内有县办、村办学堂 51 所，学生 1409 人，其中女生百余人。"② 中央编译出版社出版的《易县志》中记载："易县小学教育始于清末，清光绪三十一年（1905 年），易州在城内创办第一所完全小学，分初等和高等，俗称两等学校，在校学生 373 名。次年 12 月，西坎下初等小学创办，在校学生 34 名。到清宣统三年（1911 年），易州共创办初等小学 18 处；民国十年（1921 年），全县有小学 138 处，在校学生 6949 名；民国二十一年（1932 年）六月，全县有完全小学 7 处，高级小学 2 处，初级小学 145 处。"③ （见表 1－4）

---

① 博野县志编纂委员会. 博野县志 [M]. 北京：新华出版社，1996：482.
② 望都县地方志编纂委员会. 望都县志 [M]. 北京：方志出版社，2000：657.
③ 易县地方志编纂委员会. 易县志 [M]. 北京：中央编译出版社，2000：903.

表 1 - 4　易县小学教育情况①

年份	学校数/所				在校学生数/人	入学率/%
	小计	初小	高小	完小		
1921	138	—	—	—	6949	26.1
1932	154	145	2	7	1730	57.0

　　同时，清政府命令全国各地书院一律改为学堂。因此，各县开始将书院改为初等或高等小学堂。《唐县志》中记载："清光绪三十一年（1905年）废科举、兴学堂，本县将唐岩书院改建为唐县东关小学堂，堂设堂长，教师称教习，当年招生36人。是年全县初等小学堂30所，学生394人。"②《故城县志》（故城，今衡水市故城县）中记载：光绪二十七年（1901年），清廷诏谕各地"废科举、兴学堂"。翌年，甘陵书院易为县立高等小学堂，卫阳书院易为郑口初等小学堂。之后几年间，县城社学、义学均易为初等小学堂，乡村亦始设初等小学堂。至宣统二年（1910年），"全县有高等小学堂一所、初等小学堂170所，在校学生共5631人"。③ 针对女子小学教育，清政府于光绪三十三年（1907年）颁布了《学部奏定女子小学堂章程》，鼓励女子小学教育的发展。

　　进入民国时期，小学教育有了更大的发展。民国元年（1912年），南京临时政府教育部颁行《普通教育暂行办法》，将学堂改为学校，将小学校分为初等小学校和高等小学校。《枣强县志》

---

　　①　易县地方志编纂委员会. 易县志 [M]. 北京：中央编译出版社，2000：904.

　　②　河北省唐县地方志编纂委员会. 唐县志 [M]. 石家庄：河北人民出版社，1999：659 - 660.

　　③　故城县地方志编纂委员会. 故城县志 [M]. 北京：中国对外翻译出版公司，1998：499.

（枣强，今衡水市枣强县）记载："民国元年（1912 年），任总统府议员的于邦华原在其故里大营办的初级小学归为公办，这是县城外第一所公办初级小学。同年，县高等小学堂改名高等小学校。初办的小学校，教材、教法与私塾基本相同，学生主要学识字，读《三字经》《百家姓》《千字文》之类。也学算术、珠算，学写书信、地契，尤重书法，多以柳公权的《玄秘塔碑》为大楷字帖。教规极严，仍实行体罚。"①

《望都县志》中记载："民国建立后学堂改称学校。民国元年（1912 年）县立小学堂改建为县立第一高级小学。民国七年（1918 年）县立初等女子小学堂改建为县立初级女子小学校。"②《故城县志》也记载："民国五年（1916 年）创县立模范小学。模范小学系在废除私塾基础上建立的国办初级小学，学生须从模范小学毕业后，方准入县立高小学习。"③

1922 年，新学制颁布，主张学校教育应当"适应社会进化之需要""发挥平民教育之精神"。《唐县志》记载："民国二十二年（1933 年），高等小学改称高级小学，学制 2 年。国民小学和初等小学改称初级小学，学制统一 4 年。是年女子高级小学增加北店头、葛公 2 所，男子高级小学仍为 8 所，男子初级小学发展到 207 所，女子初级小学 10 所，在校学生 11682 人，学龄儿童入学率 43%，民国二十四年（1935 年）男女学校合并。"④ 图 1-1 为当

① 枣强县地方志编纂委员会. 枣强县志 [M]. 北京：文化艺术出版社，1994：670-671.

② 望都县地方志编纂委员会. 望都县志 [M]. 北京：方志出版社，2000：657.

③ 故城县地方志编纂委员会. 故城县志 [M]. 北京：中国对外翻译出版公司，1998：499.

④ 河北省唐县地方志编纂委员会. 唐县志 [M]. 石家庄：河北人民出版社，1999：660.

时枣强县立女学校高级第十班毕业师生合影。

图1-1　枣强县立女学校高级第十班毕业师生合影①

　　"七七事变"后，抗日战争全面爆发，小学一度陷入停滞状态。之后小学又不断恢复，相继开学。侵华日军为达到其侵华目的，在其侵占地区的学校推行奴化教育。在抗日战争期间，部分地区成立县抗日民主政府，而后积极恢复和发展小学教育。据《石家庄地区志》记载，1938年在抗日根据地办教育，先后建立了抗日高小、初小、冬学（夜校、午校、识字班等）、冀晋中学（行唐）、晋察冀边区第六中学等。这些学校为建国后教育事业的发展奠定了初步基础。②《易县志》记载："日伪统治的农村小学（包括私塾），大都属两面小学，敌人来了讲《新民课本》《三字经》

　　① 枣强县地方志办公室. 故乡记：枣强县史志资料选编［M］. 石家庄：河北人民出版社，2015：422.
　　② 石家庄地区地方志编纂委员会. 石家庄地区志［M］. 北京：文化艺术出版社，1994：923.

《百家姓》，敌人走了学习抗日民主政府编印的课本，受敌伪严格控制的县城和各据点村的学校，从初小就学日语，实施奴化教育的各科训练。由于战乱，绝大部分学校时办时停。"①《望都县志》记载："侵占县内的日军为适应其侵华目的而推行奴化教育，在城内建高级小学一所，在设置据点村及近城村建初级小学 12 所，共有学生千余人。共产党的地下工作者领导学校中的进步教员和学生积极从事抗日救亡活动，反对和抵制日本帝国主义的奴化教育，使大部分学校变成'两面学校'（即用伪政府课本支应敌人，实际学习解放区课本）。"②

与此同时，在共产党领导下的抗日根据地和游击区，也积极改造和恢复原有小学。各地区自编教材，坚决反对和抵制日本帝国主义的奴化教育。根据地学校普遍讲授抗日民主政府编印的抗日教材；敌占区和游击区则备两种教材，平时学抗日教材，敌人来时就学日伪所发课本。《唐县志》记载："在全县推行抗日民主小学教育和民众教育，以民族、民主、大众的教育方针教育后代，废除封建教育，树立教育长期为抗日战争服务的思想，增设抗日救亡新课程，培养学生的民族意识、自尊心和抗日必胜信心。政治课讲授《抗日救国十大纲领》《论持久战》等，语文课讲授古今民族英雄传略，历史课讲授帝国主义侵华史，地理课讲授祖国丰富的矿藏和列强对祖国资源的掠夺，唱歌课唱抗日救亡歌曲。"③除在抗日小学学习文化知识之外，师生还进行抗日的宣传工作，

① 易县地方志编纂委员会. 易县志［M］. 北京：中央编译出版社，2000：903.
② 望都县地方志编纂委员会. 望都县志［M］. 北京：方志出版社，2000：657.
③ 河北省唐县地方志编纂委员会. 唐县志［M］. 石家庄：河北人民出版社，1999：660.

积极站岗放哨、查路条并且参与情报的传递工作。据《徐水县志》记载："抗日战争和解放战争期间，中共徐水县委在游击区、解放区创办游击小学、抗日小学等百余所，学生除在课堂学习，还配合八路军站岗放哨、传送信件。"①

1947 年，部分地区的县城解放，各地区县民主政府恢复原有学校，并新建少量学校。1949 年中华人民共和国成立后，各地继续积极发展教育事业，增办小学，办学数量和学生人数开始增加。

三、近现代小学课程以及学制的变化

(一) 小学课程的变化

随着清朝末年科举制的废除以及新式学堂的创办，小学课程与之前社学、义学和私塾中教授的课程相比也发生了明显的变化。清朝末年，按照学制一般设有初等小学堂和高等小学堂。初等小学堂设置的课程包括修身、读经讲经、国文（也称国语）、算术（也称算学）、地理、历史、体操等。高等小学堂在初等小学堂课程的基础上，还增设其他的课程。无论是初等小学堂还是高等小学堂都开始设置近代科学知识的课程，如格致（科学常识）、外语、体操、农业、商业等课程。《望都县志》记载："清光绪二十七年（1901 年），县立小学堂创立，课程设置一般为修身、读经讲经、国文、地理、历史、算术、体操等。修身教材以'四书'为主，经学教材以《诗经》《书经》《易经》《礼经》为必读之书，女子小学堂还开设了《女儿经》。"②《顺平县志》（顺平，今保定

---

① 徐水县地方志编纂委员会. 徐水县志 ［M］. 北京：新华出版社，1998：572.
② 望都县地方志编纂委员会. 望都县志 ［M］. 北京：方志出版社，2000：659.

市顺平县）记载："清光绪二十九年（1903 年），《奏定学堂章程》规定：初小和高小必修课均为 8 科，有修身、读书讲经、国文、算术、历史、地理、格致、体操，初小以图画、手工为随意课，高小以农业、商业为随意课。女子小学堂以修身、国文、算术、女红、体操、图画 6 科为必修课，音乐为随意课。"①

民国成立后，将学堂改为学校，在课程设置上最大的变化就是废除了诵书和读经。一般的初等小学校大多开设国文、算术、图画、体操、唱歌、手工等课程，而高等小学校在此基础上，增设历史、地理、理工等课程。然而部分私塾仍然开设"三百千千"（《三字经》《百家姓》《千字文》《千家诗》）、"四书五经"之类的课程。且部分地区初办的初等小学校仍沿袭私塾的课程设置。民国十一年（1922 年），初等小学校的课程有部分改动，将国文改为国语课，修身课改为公民课。初等小学校课程大多为国语、算术、常识和社会（包括公民、历史、地理、音乐、美术、卫生、体育）等。而高等小学校的课程多增设自然、三民主义、党义等课程。

抗日战争时期，被日军侵占的地区在学校中设有日语课。而这个时期的其他小学课程设置大多为抗日服务，教材是县抗日民主政府办的学校自己编印的课本，还有教师自编的。抗日根据地小学除正常学习外，还根据敌我情况变化，机动灵活地采取游击教学、伪装教学、分组教学、化装教学等。《易县志》记载："1939 年边区政府编出初小新课本，有《国语》《算术》《常识》。

---

① 河北省顺平县地方志编纂委员会. 顺平县志 [M]. 北京：中华书局，1999：843.

1940 年边区政府编出高小课本，有《国语》《算术》《自然》《地理》《历史》《政治常识》。"[1] 1942 年，晋冀鲁豫边区政府公布教学计划，大多设置国语、算术、常识、自然、音乐、体育等课程。教材的内容都与抗日有关，突出爱国主义教育，政治性较强。中华人民共和国成立初期，大部分地区的学生仍然使用解放区时期编印的课本。

（二）小学学制的变化

近代中国的学制制定始于清朝末年，光绪前学校不分年级，并且学无定制。《望都县志》记载："清光绪二十七年（1901 年），县立小学堂所办前的县学私学，学生没有固定的修业年限，除县学学生于科举考试时入学外，其他学校均无统一始业时间。"[2] 清光绪二十八年（1902 年），清政府制定壬寅学制，规定蒙学堂四年，寻常小学堂三年，高等小学堂三年，蒙学堂和寻常小学堂同属义务教育阶段。光绪三十年（1904 年），清政府颁布癸卯学制，规定蒙养院四年，初等小学堂五年，高等小学堂四年。儿童七岁入学，修业五年。《易县志》记载，清光绪三十一年（1905 年），易县第一所完全小学分两等，初等学制五年，高等学制四年。[3]

民国元年（1912 年），南京临时政府颁布壬子癸丑学制，规定儿童七岁入学，初等教育分为初等小学四年，高等小学三年。同年，民国政府教育部颁发《普通教育暂行办法》，学堂改为学校，初等小学校修业四年，高等小学校修业三年。民国十一年（1922 年）颁布新学制，即壬戌学制，规定儿童六岁入学，小学改一贯

①　易县地方志编纂委员会. 易县志［M］. 北京：中央编译出版社，2000：906.
②　望都县地方志编纂委员会. 望都县志［M］. 北京：方志出版社，2000：658.
③　易县地方志编纂委员会. 易县志［M］. 北京：中央编译出版社，2000：906.

制，前期即初级小学四年，后期即高级小学两年，即四二学制。抗日战争期间，根据各地抗日高小的需要，没有定制。中华人民共和国成立后初期，学制仍然实行四二学制（初级小学四年，高级小学两年）。春季始业，规定幼儿入学年龄为七周岁。

第三节　古代燕赵蒙学和近现代燕赵蒙学关系演变

古代教育的发展，是近现代教育发展的基础。古代传统教育培养出了一大批知识分子，他们是中国古代文化的继任者和传承者；同时，部分有识之士积极学习和借鉴外国文化和教育经验。这为中国近现代教育的传承奠定了文化基础，也为中国近现代教育的发展提供了师资力量。古代教育经历了上千年的发展演变，教育体系、内容、方式、教材等方面不断积淀与发展，为近现代教育的发展提供了丰厚的基础。近现代教育虽然是一种新教育，但它并非对古代教育的完全摒弃，它的发展以古代教育为跳板和平台。古代教育为近现代教育的发展提供了诸多经验教训和可资借鉴的历史智慧。古代教育中的精华成了近现代教育的重要组成部分，二者形成了彼此相融、共同发展、相互依赖的关系。因此，本章将主要在教育体制、教育目的、教育内容、教育对象、教学方式等方面探讨古代燕赵蒙学和近现代燕赵蒙学之间的关系。

一、教育体制

早在奴隶社会时期，中国已开始创办各类学校，"设为庠、序、学、校以教之。庠者，养也；校者，教也；序者，射也。夏曰校，殷曰序，周曰庠，学则三代共之，皆所以明人伦也"。《礼记·学记》说："古之教者，家有塾，党有庠，术有序，国有学。"其中，庠、序、学是属于不同级别的官办学校，塾则属于民间创办的教育场所。春秋时期，"周室东迁，王纲解纽，学校庠序废坠无闻"，"学在官府"的局面被打破，官学一度衰落，教育出现下移，私学开始兴起，诸子百家宣扬自家学说，收徒讲学，私学成了这一时期的主要教育途径。私人授徒讲学之风发端于春秋战国之际，盛于两汉，至魏晋南北朝虽稍见衰落，但较之时兴时废的官学，仍显得兴盛。唐代私学与官学共行。私学体制主要包括家塾、私塾、乡学、寺学等类型。① 北宋伊始，统治者实行"重文轻武"的政策。庆历四年（1044 年），史馆修撰宋祁上书："乃诏州县立学，士须在学三百日，乃听预秋试。"②此后形成了新的制度，若要参加科举考试，须经州县官学学习方可获得考试资格，"自是，州郡无不有学"。还规定学子须经县学选考升入州学，州学每三年选考优生贡于太学。同时，宋代又出现了一种新的教育场所——书院。书院是中国封建教育体系中一种特殊的教育组织和教育场所。书院最早出现在唐代，最初的作用是收藏书籍，它同时也是朝廷出版书籍的场所。至五代时期，官学废止不兴，一些学者为了弥补官学教育的不足，开始在书院讲学，于是书院开始具有传播知识的功能。历史上河北的书院兴起较晚，初期都集中在石家庄地区。唐宋之际，南方书院发展势头迅猛，规模数量都远超北方。史料记载，北宋时期，河北境内只有三所书院，它们

---

① 吴洪成，郭曦垚，杨蕾. 唐代蒙学教材探讨 [J]. 河北科技师范学院学报（社会科学版），2021，20（2）：1 – 10.

② 脱脱. 宋史：选举志 [M]. 北京：中华书局，1977.

都位于石家庄元氏县封龙山下。北宋与辽、金战乱之后，书院一度荒废弃置。南宋时，河北书院的发展停滞。元朝在北京建都以后，统治者实行鼓励发展书院的政策，河北书院初步恢复。元代时期，书院进一步发展，但是书院官学化的特征日益显现。元代时期，封龙书院成为河北省乃至北方地区的教育中心。① 此外，元代社学也有很大发展，元世祖在"劝农立社"（一社为五十户）的同时，下令"每社立学校一，择通晓经书者为学师，农隙使子弟入学"。② 明清时期教育的总体特征是义学和社学大规模发展，书院的官学化特征进一步显现。明代时期，河北的书院进一步官学化，政府投资创办书院渐成风气。至康熙年间，燕赵地区各社学很是繁荣。清代各县义学大力发展，并增置数量不等的学田。河北省的学校遍及城乡，形成了书院、官学、社学、义学并举，多层次、多形式的教育体制。③

　　传统书院为近代学堂发展奠定了基础。到清光绪（1875—1908 年）末年，书院制度废止，书院开始向近代学堂转型。清代书院的正式改制，是从维新变法（1898 年）开始的。康有为上书光绪皇帝，在《请饬各省改书院淫祠为学堂折》中陈述："奏请改直省书院为中学堂，乡邑淫祠为小学堂，令小民六岁皆入学，以广教育，以成人才……公私现有之书院、义学、社学、学塾，皆改为兼习中西之学校，省会之大书院为高等学，府州县之书院为中等学，义学、社学为小学。"戊戌变法失败后，全国各省的书院只能"照旧"办理，但书院改制已然是大势所趋。在清末新政期

---

①③　郭海洋. 近代石家庄教育史研究［D］. 保定：河北大学，2020.

②　柯劭忞. 新元史：食货志［M］. 北京：中国书店，1988.

间，清朝政府再次将兴学活动列为教育改革的重中之重，这推动
了教育体系和教育制度的进一步建立和完善。[①]

清光绪二十八年（1902 年），清政府颁布《钦定学堂章程》，
但未实施；次年（1903 年）又颁布《奏定学堂章程》，在学校制
度、学校管理和学制课程等方面均有明确规定。按照这个学制，
全部学校分为三段六级，近代学校教育体系由此得以基本确立。
其中，初等教育段为九年，分两级，高等小学堂四年和初等小学
堂五年；中学教育段为五年，不分级；高等教育段为六至七年，
分通儒院（相当于现在的研究生院）五年、大学堂三至四年、高
等学堂（相当于现在的大学预科）三年。另设蒙养学堂，不在正
式学制之列。

中国近代以来一百一十年（1840—1949 年）的教育发展处在
一个新旧嬗替的特定历史时期，西方的教育理论被逐步引进中国，
并在中国的教育活动中得以运用，进而在中国催生了近代学校教
育制度。民国时期，新学堂的建立和近代小学教育的萌起，显示
了新生事物的勃勃生机，对改变封建的教育体制有所贡献，同时
也加速着私塾的衰落，促进了近代燕赵地区初等教育的转型。[②]

二、教育目的

蒙学教育主要内容是识字、写字和道德教育，旨在使儿童掌握
一些基本的历史文化知识，并养成良好的行为习惯，遵守一定的道
德伦理规范；培养初步的道德品性，打下初步的文化知识基础。[③]

[①②] 郭海洋. 近代石家庄教育史研究［D］. 保定：河北大学，2020.
[③] 吴洪成，郭曦垚，杨蕾. 唐代蒙学教材探讨［J］. 河北科技师范学院学报（社会科学版），2021，20（2）：1–10.

随着古代教育制度及科举制度的变化，蒙学的地位及教学内容也在不断变化，尤其是其内容在不断拓展。蒙学最初是单纯的儿童启蒙教学，进入科举时代后它渐渐成为科举教育的附庸。蒙学最初的阶段目标是立身、明伦、识字等基础目标，而科举时代后，诗文写作、科举所需知识素养及体系渐渐被吸收到蒙学的教学范畴。①

三、教育内容

（一）教育内容的转化

蒙学教育包括道德伦理教育、博物教育、语言及诗文教育三项重要内容。其内容构成即蒙学知识体系，主要包含两大板块，一是自然及社会的具体事物，二是政治文化制度。具体事物，是自然与社会的基本构成，是儿童认识世界的基本对象，同时也蕴含丰富的人文内涵。两大板块在教材中曾经存在较为清晰的界限，但随着蒙学的发展，政治文化制度在蒙学教材知识体系的比重逐渐增加，与具体事物的人文内涵教学融合，形成了全新的人文知识体系，成为蒙学知识体系的核心内容，而具体事物的认知，多被隐藏在了人文知识体系的教学中。蒙学教育提供给儿童的均是必要的教育。优秀的道德品质、广博的基础知识、扎实的诗文写作基础是古代儿童成长必备的基本素质，蒙学教育在这三个领域恰恰为儿童成长提供了足够的支撑。②

清末时期，清政府颁布的《钦定学堂章程》中规定：寻常小学堂课程设有读经、修身、习字、算学、作文、舆地、史学、体

①② 王海波. 蒙学简论 [D]. 曲阜：曲阜师范大学，2014.

操，蒙学堂课程设有读经、修身、习字、算术、舆地、史学、体操，并强调读经最为重要。清宣统二年（1910 年）十一月，在《改订高初两等小学年期科目及课程》中，对高等小学的科目做了进一步修订，修订后，初小科目仍同《修正初等小学课程》的规定；高等小学增设英文，并注明英文、乐歌为随意科。①

（二）教材变化

汉代蒙学教育初期主要是儿童在家中接受一定的启蒙教育，随后进入相应的书馆学习，在书馆中主要学习识字和书法等较为基础的内容，最后再去学塾一类机构研读《论语》《孝经》《诗经》和《尚书》之类的儒家典籍。② 汉代蒙学教材以识字、习字和学算为主，但种类单一。《史籀篇》是我国最早的识字教材，由西周史官史籀所作，虽现已亡佚，但是像秦代为推行"书同文"而编纂的教材，如李斯《仓颉篇》、赵高《爰历篇》和胡毋敬《博学篇》的文字多半是从《史籀篇》中筛选出来的。随后汉代塾师们将之合编为《仓颉篇》，另有史游的《急就篇》，也是汉代蒙学初级阶段的代表性教材。

家学作为家庭或家族世代相传的教育类型盛行于魏晋南北朝，既有专科技术水平，也有普通基础层次，后者属于蒙学教育的范畴。为适应私学和家学教学的需要，魏晋南北朝时期出现了多种蒙学教材，它们发挥着文化、科技知识教学，道德品质培养以及其他素质能力训练的综合育人功能。据《隋书·经籍志》记载，此期除《急就篇》之外，有蔡邕撰《劝学》一卷，晋著作郎束皙

---

① 王海波. 蒙学简论［D］. 曲阜：曲阜师范大学，2014.

② 吴洪成，郭曦垚，杨蕾. 唐代蒙学教材探讨［J］. 河北科技师范学院学报（社会科学版），2021，20（2）：1-10.

撰《发蒙记》一卷，晋散骑常侍顾恺之撰《启蒙记》三卷，梁周兴嗣撰《千字文》一卷，后齐颜之推作《训俗文字略》等，这些都是当时蒙学教育的流行教材，也为家学所选用。① 蒙学教材开始吸收新的内容，朝综合性的方向发展。

中国古代蒙学教材内容丰富，但流传下来的不多。魏晋南北朝时期，蒙学教材的编写和应用比较普遍，因此积累了不少成功经验。隋唐以前，蒙学教材都是以识字、学文及习数为主，内容集中，形式单一。从最早的《史籀篇》到汉代的《仓颉篇》《急就篇》，再到《千字文》大体如此。到了唐代，由于私学及家庭教育相当发达，蒙学教材突破了单纯识字、学文及习数的藩篱，融合了诸多学科门类，其中包括文学诗赋、天文地理、自然科学、历史文化、伦理道德、婚姻家庭等，还涉及饮食起居、服饰器用、果蔬禽兽、劳动生产等内容。蒙学教材的体例结构注重儿童学习的生活化与知识的实际应用，以及心理发展和道德培养等方面。②

自宋代起，中国传统儿童启蒙教材的发展就进入了峰巅时期，表现在：数量多，难以确计；种类多，形成体系；精品多，有代表作，如《百家姓》《三字经》等教材。教材的编撰出现专门化的趋势，教材的分工变得明确起来，种类繁多。③

明清时期，伴随私学的兴盛、蒙学范围的扩大、印刷术的进步、教材编写经验的积累，也编辑出版了许多新的蒙学教材。其中，流传较为广泛并极具特色的有：王相编《女四书》，李毓秀撰

①② 吴洪成，郭曦垚，杨蕾. 唐代蒙学教材探讨［J］. 河北科技师范学院学报（社会科学版），2021，20（2）：1-10.

③ 杜成宪，王伦信. 中国幼儿教育史［M］. 上海：上海教育出版社，1998：100.

《弟子规》，杨臣诤编《龙文鞭影》，程登吉著、邹圣脉增补的《幼学琼林》，《千家诗》，《唐诗三百首》，《增广贤文》，《声律启蒙》以及各种杂字类书，如《益幼杂字》等。①

总之，蒙学教材的发展大体上经历了三个发展阶段：一是唐朝和五代以前的蒙养教材，除教字外还综合一些道德教育及一般知识的内容；二是宋朝至清中期的蒙养教材，在内容方面呈现出专门化的倾向，如道德教育、历史典故、博物常识、诗歌辞赋等各有专书；三是清代中叶至近代的蒙养教材，出现了一批采用旧形式介绍声、光、电、化、算等新内容的课本。② 然而蒙学教材仍以讲读儒家经书及中国古文为主，如在石家庄行唐县，仍以《百家姓》《千字文》《论语》《古文观止》《唐诗三百首》等为教材，私塾另加珠算、书信、记账和文契等知识。③

四、教育对象

中国从先秦时期就有重视儿童教育的传统，但是唐代之前的私学、家学教育对象大多为社会上有身份地位或者富庶的家庭子弟。唐代社会的变革以及政治、经济的发展，才使得中下层子弟有了读书的条件和机会。④ 唐宋之后，蒙学教育组织和蒙学教材都

---

① 吴洪成，李文慧. 清代前期蒙学教材研究 [J]. 广州大学学报（社会科学版），2007（9）：81-86.

② 吴洪成. 试析我国古代蒙养教材的特点 [J]. 课程·教材·教法，1997（3）：57-58.

③ 行唐教育志编纂委员会. 行唐教育志 [M]. 石家庄：河北科学技术出版社，2014：104.

④ 吴洪成，郭曦垚，杨蕾. 唐代蒙学教材探讨 [J]. 河北科技师范学院学报（社会科学版），2021，20（2）：1-10.

流行开来，蒙学教育也更加"亲民"，开始向平民教育转化。[①] 明清时期的燕赵蒙学在教育对象上相比宋元时期扩大了很多。例如，宋元时期的义学仅招收宗族子弟，而到了明代万历年间，一些地区的义学已经能够自收自支，教育对象也扩大到了穷苦子弟，为当地的儿童提供了学习机会。到了清朝康熙年间，义学的发展逐渐超过社学，成为官府重点发展的教育机构。从私塾的发展历程来看，其在唐代时仅盛行于达官贵人之间，宋元时期逐渐有庶民子弟到私塾学习，至明清时期私塾的种类不断增加，各个阶层的孩子不分年龄都有机会通过私塾获得知识。有史料记载，束鹿县的私塾招生最多的是"村馆"，这类私塾招收的学生年龄悬殊较大，小者七八岁，大者十七八岁，且参加学习的主要是平民子弟。[②] 由此可见，明清时期燕赵蒙学的教育对象确实有所扩大，但女性仍然没有受教育的权利。

到了近现代，中国第一所女学堂经正女学于清光绪二十四年（1898 年）正式创办，女性的受教育权开始受到重视。燕赵地区也创办了较多的初级女子小学校或女子师范学校，教育对象进一步扩大。例如，《保定市志》记载，光绪三十二年（1906 年），直隶布政使增韫（字子固），于保定育婴堂开办女学一所，名直隶省城女学堂，并于堂中附设幼稚园，令堂内女婴年在四岁以上、七岁以下者入之。[③] 另有《定兴县志》（定兴，今保定市定兴县）记载，民国元年（1912 年）冬，劝学所督导建立女子小学校一所，

---

① 杜高明. 我国古代幼儿教育形式蒙学之研究 [J]. 兰台世界, 2014 (6): 55 –56.
② 王登普. 新编中国优秀地方志简本丛书: 辛集市志 [M]. 北京: 方志出版社, 1999: 244.
③ 保定市地方志编纂委员会. 保定市志 [M]. 北京: 方志出版社, 1999: 15.

是提倡女子教育之先声，地址在城内寅宾馆（今城西北角），民国十九年（1930年）迁至文庙（今实验一小）。① 定兴县典型年份小学教育情况见表1-5。

表1-5 定兴县典型年份小学教育情况②

年份	学校/所	班级/个	学生/人	教职工/人	年份	学校/所	班级/个	学生/人	教职工/人
光绪三十年（1904年）	1	1	20	2	1955	241	96	38978	907
民国九年（1920年）	4	4	132	6	1962	249	840	32025	1161
民国二十五年（1936年）	52	77	2310	83	1965	250	1070	46840	1371
民国三十四年（1945年）	34	66	1520	75	1970	250	1121	48470	1613
民国三十六年（1947年）	266	213	22670	407	1978	271	1073	45102	1938
民国三十七年（1948年）	129	171	5599	172	1985	271	1911	50436	2648
1949年	228	411	19743	433	1990	273	1480	52224	2842

　　综上，从古代燕赵蒙学到近现代燕赵蒙学，其教育对象的范围逐渐扩大，女子教育在清末开始兴起，极大促进了教育公平。

---

① 河北省定兴县地方志编纂委员会.定兴县志［M］.北京：方志出版社，1997：552.
② 河北省定兴县地方志编纂委员会.定兴县志［M］.北京：方志出版社，1997：553.

五、教学方式

蒙学教育没有固定年限，一般采用个别教学。教学方法注重背诵、领悟和练习。[①] 蒙学的教学方式大多属于经验式教学，是在几千年的教育历史中积淀下来的。吟咏是传统蒙学中孩童最常用的学习方法之一，背诵是传统蒙学教育中对幼童的一个重要学习要求。古人认为汉字具有集形象、声音和辞义三者于一体的独特魅力，启蒙阶段的孩童智识未启却记忆超群，通过幼时顺口悦耳的吟诵来识记一定数量的经典诗赋文章，背记的内容会随年龄增长而慢慢消化吸收，最终达到儿时吟读终生不忘之效，故古时广为流传着"熟读唐诗三百首，不会作诗也会吟"的说法。[②] 到了明清时期，燕赵地区的蒙学教育仍然沿袭着传统的教学方式，以机械的吟咏背诵为主，并且体罚盛行。一些私塾在学生学习两到三年后，老师才开始讲解知识。《阜平县志》（阜平，今保定市阜平县）记载，私塾教学方法简单，学生死记硬背。每天放学前先生布置的作业是让学生写字，先仿影、空影到临摹，再写大楷及小楷。先生教读两三年后再讲解课文大意，让学生逐步练习写信、写对联、写契约之类的常用应用文；其次是写八股文，篇篇从破题、承题、起讲入手；再次是学写旧体诗、编对联。先生常对学生进行罚站、打板子等体罚。[③] 一些私塾或义学也会采用因材施教

---

① 吴洪成，郭曦垚，杨蕾．唐代蒙学教材探讨［J］．河北科技师范学院学报（社会科学版），2021，20（2）：1－10.

② 吴音莹．传统蒙学的特色及其对当代儿童教育的启示：主要基于教材、教法视角［J］．湖南农业大学学报（社会科学版），2015，16（4）：98－102.

③ 阜平县地方志编纂委员会．阜平县志［M］．北京：方志出版社，1999：669.

的教学形式，但是仍以死记硬背为主。因此，在美国传教士裨治文等撰写的《中国丛报》中，外国传教士对中国蒙学教育的教学方法有这样的描述："中国学童入学后首先跟着老师读，模仿其读音。一旦能读上几行或几句，就坐在一边反复朗读，直至能背诵为止。课堂上，他们都大声朗读，争相提高音量，努力想覆盖住同学的读书声，结果是杂音一片。"① 每课内容都必须一字不漏地记住，学童一旦背诵不出，就得双膝跪地朗读直至能背诵。屡教不改者就得跪在砾石上，以示惩罚。写字的教学方法"就是临摹"。学童在一两年中学会几百或上千汉字后，老师才开始讲解课文。他们"走的是回头路，一字一句地讲解已经背过的内容"，识字与讲解脱节。②

步入近现代，受到西学东渐的影响，燕赵地区蒙学逐渐转变为幼稚园和新式学堂，其教学方式也发生了变化。尽管地方志记载中未找到关于新式学堂教学方法的相关史料，但从其他地区的教育方式中可以窥见一二。例如，左宗棠开办的船政学堂中开设英语和算术课程，并挑选当地的少年儿童入学，学生们每三个月进行一次考试，并根据考试的进步和名次奖励银元，旨在通过奖励制度激励学生积极学习。③ 可见，新式学堂的教学方式相比于古代私塾、义学、社学等形式更加善于调动学生的积极性。此外，对于体操这种注重实践的科目，在教学方法上会更加注重学生的亲身体验和老师的指导，这是古代蒙学教法中没有涉及的。

①② 商颖. 中国蒙学西化教育模式构想探源［J］. 浙江社会科学，2010（3）：86－90，128.

③ 赵冬勤. 晚清洋务新式学堂与中国英语教育的发端［J］. 兰台世界，2014（24）：45－46.

尽管受到了西方教育思潮的影响，古代燕赵蒙学教法中体现的一些教育思想仍然促进了近现代燕赵蒙学的发展。例如，传统蒙学注重个别教学、涵泳背诵、循序渐进、因材施教，这些教育理念在一定程度上融入近现代蒙学的教学方法中，同时也对今天的教法和理念创新有所启发。

中篇

燕赵蒙学在近现代面临的挑战

第二章　河北蒙学发展概况

　　河北，简称"冀"，河北省共辖十一个地级市，分别是石家庄市、唐山市、秦皇岛市、邯郸市、邢台市、保定市、张家口市、承德市、沧州市、廊坊市、衡水市。根据各市所在地理位置，将邢台市、邯郸市划分为冀南地区，将秦皇岛市、唐山市划分为冀东地区，将张家口市、承德市划分为冀北地区，将廊坊市、衡水市、沧州市、石家庄市、保定市划分为冀中地区。

第一节　河北近现代蒙学的职能

　　近现代蒙学的职能在地方教育方针和政策中有所体现。对个人而言，近现代蒙学发挥着人文启蒙、启发民智、促进全面发展的作用；对于国家和社会而言，近现代蒙学促进教育公平，维护统治阶级统治，进而适应国家发展的需要。在抗日战争期间，日本在沦陷区开展的蒙学是其对中国推行的奴化教育；而在沦陷区以外，我国蒙学起到了服务抗战的作用。

一、维护日本反动统治

抗战爆发后，日伪学校的教育职能主要是进行奴化教育，通过教育腐蚀学生的心灵，泯灭孩子的民族意识，以维护他们的反动统治，推行殖民方针。日伪统治区的小学，利用修身课（或社会课）和各种集会活动给学生灌输"中日亲善""东亚共荣"等奴化思想，推行奴化教育。

《唐山市路南区志》中提到，抗日战争爆发后，幼儿教育受到破坏，虽有一些看图识字幼儿教材，但内容多是用于进行奴化教育。①《滦南县志》中提到，民国二十四年（1935年）在本县日伪统治区，推行"大东亚共荣圈""中日亲善提携"的奴化教育。②

保定的日伪小学，大搞尊孔复古活动，开设日语课程，为日本奴化教育服务。

二、服务抗日战争

抗日战争期间，战火纷飞，各类学校皆停办。中国共产党领导的八路军在抗日根据地积极恢复和发展教育事业，还组织抗日儿童团，组织学生参加站岗、放哨、送信、进行抗日宣传等活动，使学生经受革命锻炼，将教学与宣传抗日相结合。此时学校教育的职能主要是宣传团结抗日救国思想，进行抗战教育和爱国教育，

---

① 唐山市路南区地方志编纂委员会. 唐山市路南区志［M］. 北京：海潮出版社，2000：603-605.

② 河北省滦南县地方志编纂委员会. 滦南县志［M］. 北京：生活·读书·新知三联书店，1997：663-668.

为抗战事业培养新的有生力量，为抗日队伍培养有爱国思想、有对敌斗争经验、有文化知识的后备人才，为实现民族独立、人民解放而奋斗。

"七七事变"后，邢台县抗日政府以"适应抗日战争的需要，培养一批有爱国思想、有对敌斗争经验、有文化知识的青年，培育一大批后备人才"为教育方针，兴办人民教育事业。① 邢台《南和县志》提到，"七七事变"后，日军侵入本县，日伪政府实行"奴化教育"，对学生进行尊孔孟、兴王道和东亚"共存共荣"宣传。1938 年，南和县抗日政府成立，教育方针是"发扬高度民族精神，一切为了抗日救国，提高群众的民族觉悟和文化水平"。② 邢台《内邱县志》中也有记载，抗日根据地学校的教育方针是："一切为着战争，一切文化教育事业均应使之适应战争的需要，使教育为战争服务"；"学生们负责的消息树、观察哨为粉碎日本侵略军的扫荡起了很大作用。"③

邯郸《大名县教育志》记载，1937 年 11 月 13 日，日军侵入大名，一切学校停办或停课。第二年，宏济桥女子小学开始复课，但返校学生仅有半数。大名抗日民主政府成立后先后创立了六所抗日高等小学（但没有完全小学校），主要宣传抗日救国的道理，提高民族自尊心。1940 年，元朝县（今归并大名县）抗日民主政府先后创办了三所抗日高等小学校：一高设在北峰，后迁张铁集，校长张作三；二高设在沙河路，校长曲辰；三高设在华庄，校长

①　柏乡县地方志编纂委员会. 柏乡县志［M］. 北京：方志出版社，2000：614.
②　南和县地方志编纂委员会. 南和县志［M］. 北京：方志出版社，1996：447.
③　河北省内邱县地方志编纂委员会. 内邱县志［M］. 北京：中华书局，1996：764.

由县文教科长刘敬之兼任。这些学校改变了旧的教育制度，以抗日救国为宗旨，为地方机关培养了不少人才，增加了干部力量。①邯郸《馆陶县志》中也记载，抗日战争时期，教育坚持为战争服务，学校对学生进行抗战教育、气节教育和爱国教育，思想政治工作渗透各科教学。学生站岗放哨、盘查行人、传送文件和情报、护理伤病员、拥军优属、帮助生产等，同时还积极做宣传工作。②

《唐山市新区志》记载，抗日战争爆发后，幼儿教育受到破坏。东半部靠山区各学校，幼儿教育无法开展。但只要环境稍有许可，抗日政府就组织儿童团学唱抗日歌曲，学龄儿童站岗放哨、送信、查路条等。③1940年后，唐山滦南县境内先后建立迁（安）滦（县）卢（龙）、丰（润）滦（县）等联合县，形成民主政权与伪政权对峙的局面。解放区实施"民族的、科学的、大众的新民主主义教育"。学校贯彻"一切为了铲除法西斯、打倒日本帝国主义"的团结抗日教育思想。学生所用课本，一部分沿用原有的，另一部分是人民政府油印的；坚持"敌来我走，敌走我学"的学习方式。④唐山《迁西县志》中也记载，抗日战争期间，由于境内被日伪、抗日民主政权双方控制，教育也表现为敌占区教育和游击区教育两种形式。游击区小学根据抗日斗争形势，在恶劣的条

① 大名县教育志编纂委员会. 大名县教育志 [M]. 郑州：中州古籍出版社，2016：91 - 148.

② 河北省馆陶县地方志编纂委员会. 馆陶县志 [M]. 北京：中华书局，1999：645 - 646.

③ 唐山市新区地方志编纂委员会. 唐山市新区志 [M]. 北京：中华书局，1993：410 - 411.

④ 河北省滦南县地方志编纂委员会. 滦南县志 [M]. 北京：生活·读书·新知三联书店，1997：663 - 668.

件下，以游击教学的形式办教育。日伪军来扫荡，师生就随群众转移到山沟密林中，扫荡过后，马上集中起来上课。校舍被烧毁，桌凳被抢走，就借用民房，用膝盖当桌凳，用门板作黑板。同时，还根据季节和教育对象不同，采取灵活的教学形式和方法，设整日班、半日班、早班、午班等。在敌占区，日伪军为维护其反动统治，推行殖民教育方针，"中日亲善""共存共荣""建设大东亚区共荣圈"等反动思想内容充斥课本，还指令各校每天晨会举行升伪满洲国国旗仪式。体育课要学"新民操"，音乐课要学唱"强化治安歌"等，企图以此毒害腐蚀学生的心灵、泯灭学生的民族意识。一些邻近日伪据点的小学巧妙地实行两面教育，日伪军来查时，就拿出日伪规定的课本上课，日伪军走后，则使用抗日根据地自编课本。①

1939 年，衡水市阜东县为了进行抗战教育，在解放区兴办抗战学校，其目的主要是为抗战服务，学校贯彻"为抗战服务，为生产服务"以及"民族的、科学的、大众的"教育方针。②

沧州市抗日民主政府密切联系实际，结合本地生活、革命英雄人物模范事迹对小学生进行抗日爱国教育。抗日小学创造出机动灵活、因时因地制宜的教学方式，如游击教学、分组传递教学、化装教学等，提倡"读活书、活读书、读书活"。在日伪统治的沦陷区，则使用由伪教育总署编写的以奴化教育为主要内容的《新民课本》。解放战争时期，沧州境内解放区小学进行德育教育，同

---

① 迁西县地方志编纂委员会.迁西县志 [M]. 北京：中国科学技术出版社，1991：526 – 528.

② 阜城县地方志编纂委员会.阜城县志 [M]. 北京：中国文联出版公司，1998：679.

时将热爱中国共产党、热爱祖国、热爱家乡的教育贯穿于教学之中。①

保定市各村自 1938 年起，开始建立起抗日小学、游击小学和简易小学。抗日小学执行"教育长期为抗战服务"的方针，其职能转变为抵抗日伪政权推行的奴化教育，为抗日做准备。

三、进行人文启蒙

清朝时期，各地蒙学仍然以私塾为主，遍及城乡各处，主要包括家塾、宗塾、村塾等多种类型，学童多则几十人，少则几人。这一时期，私塾内的学童主要学习"四书五经"以及《弟子规》《三字经》以及珠算、记账、契约等应用知识，还要写大楷、小楷等，并交由塾师圈点批改。光绪三十年（1904 年），根据清政府颁布的《奏定学堂章程》，各地各学校明确地规定了学制，这时的课程主要有经学、修身、国文、算术。可见，这时的教学以实用为主，让学生掌握必要的知识和技能。

《唐山市新区志》提到，19 世纪 30 年代以前辖区即有幼儿教育，当时称之为启蒙教育。私塾先生多是用《三字经》《弟子规》作启蒙教材，初步向儿童灌输封建伦理道德。以后，又改用《幼稚读本》。小学教师代替幼儿教师，除继续向幼儿灌输封建伦理外，还增加了一点算术知识。②《唐山市路南区志》提到，始于民国二十一年（1932 年）、附设于各小学的幼儿班，招收六至七岁儿

---

① 沧州市志编纂委员会. 沧州市志 [M]. 北京：方志出版社，2006：2315.
② 唐山市新区地方志编纂委员会. 唐山市新区志 [M]. 北京：中华书局，1993：410-411.

童入学，由教师讲授些生活常识和简单汉字，为升入一年级打好基础。①

清朝时期，张家口地区的私塾是农家子弟接受教育、学习文化的主要场所。办学的形式大致有两种，一种是季节性的，另一种是常年性的。私塾的学年是没有限制的，每年秋季学完，倡导者召集每一户开始凑"课钱"，请先生来授课。一般用庙堂作为教室，到第二年的农历二月初二（农忙开始）暂停。这时，私塾的主要职能是让孩子们能够认识并会写一些常用字，以便长大之后能够撑起一个"耕读之家"。

承德的早期教育始于学塾，其形式有学馆和教馆、家塾和私塾、义学或义塾。清末民初，承德的学塾发展已经相当成熟。据不完全统计，民国初年，仅承德县（今双桥区及承德县）就有义塾九十家，学生一千九百七十多人。② 这时，蒙学的主要职能是识字、习字。

清末民初，沧州市的幼儿教育以保育为主，有的幼稚园会开设一些课程。例如，沧州青县一所幼儿园的教师除了开展一些生活中的保育工作以外，还开设了工作、唱游、常识、故事、说话和游戏等课程。

民国初年，张家口还没有正规的学前教育，有些寻常百姓曾使用卡片教孩子识字。1914 年，国民政府颁布的教育方针是"注

---

① 唐山市路南区地方志编纂委员会. 唐山市路南区志 [M]. 北京：海潮出版社，2000：603 – 605.
② 河北省承德县地方志编纂委员会. 承德县志 [M]. 赤峰：内蒙古科技出版社，1998：13 – 14.

重道德教育，以实利教育、军国民教育辅之，更以美感教育完成其道德"。这时，学校教育更多的是培养学生的美德以及品德。

1940 年前后，张家口少数的国民学校曾经开设过幼稚班。例如，在涿鹿、保岱、矾山等较大的村镇小学校曾设过幼稚班，但经常处于时办时停的状态。① 这时，教育的职能主要是教孩子认识一些常见字。

四、促进人的全面发展

清末教育开始逐渐重视个人的发展。光绪二十二年（1896 年）创办的蒙养学堂（1904 年改称初等小学堂），是保定近代小学教育的开端。保定所建小学包括官立、公立、私立和客籍几种，也有数所小学由教会创办，如培仁小学等。除教会创办的小学外，其他小学均实行光绪二十九年十一月二十六日（1904 年 1 月 13 日）颁布的癸卯学制，以日本学制为蓝本，采用"中体西用"的指导思想，主要职能在于培养学生善良的本性，学习古今中外科学文化知识，增强学生的体质，为促进我国近代科学、思想、教育的发展服务。光绪三十三年（1907 年），清政府提出初等小学堂的职能是"启其人生应有之知识，立其明伦理爱国家之根基，并调护儿童身体，令其发育"，高等小学堂的职能是"培养国民之善性，扩充国民之知识，强壮国民之气体"。② 此时，教育开始重视德、智、体的发展。

---

① 涿鹿县地方志编纂委员会. 涿鹿县志 [M]. 石家庄：河北人民出版社，1994：487.

② 张家口市桥西区地方志编纂委员会. 张家口市桥西区志 [M]. 北京：九州出版社，2015：853.

　　清末，保定市所创办的幼儿教育机构，一切办园章程及宗旨，都是遵照光绪二十九年颁布的《奏定蒙养院章程及家庭教育法章程》，教养方式为"保育教导"。此时，保定幼儿教育的主要职能是促进幼儿身体发育、心理发展，培养道德，规范行为。①

　　民国元年（1912 年），教育部的教育宗旨为"注重道德教育，以实利教育、军国民教育辅之，更以美感教育完成其道德"。②这是第一个资产阶级德、智、体、美四育发展的教育方针，此后军阀交替执政，教育方针不断修改。

　　民国初年，教育部颁布壬子癸丑学制，保定市初等小学校允许男女同校，并进行课程改革，小学读经等传统的内容一律废止，并加强了手工科教育。小学教育的内容是促进幼儿的身心发育，培养学生良好的国民道德，并引导学生学习一些必备的知识技能。小学教育的职能仍然是提高国民的身心素质、学习技能，为进入高等小学、中学打下基础，摆脱受奴役、受压迫的社会地位，为国家的发展服务。

　　保定市幼儿园的办园宗旨也开始发生变化，教养的内容与方法也进行了一定程度的发展与改进，在游戏、手工、歌谣的基础上，增设体育活动和智慧、才能的启迪，幼儿教育在"促进儿童身心发展"的基础上，增加了补充家庭教育、培养国民的习惯与技能这样的职能，为家庭和社会服务。③

---

　　①　河北省保定市地方志编纂委员会. 保定市志：第四册［M］. 北京：方志出版社，1999：9.

　　②　柏乡县地方志编纂委员会. 柏乡县志［M］. 北京：方志出版社，2000：613 – 614.

　　③　河北省保定市地方志编纂委员会. 保定市志［M］. 北京：方志出版社，1999：9.

壬戌学制以美国学制为蓝本，缩短了小学的修业年限，从儿童身心发展的特点和学习经验考虑，它更符合当时中国社会的政治、经济发展现状及教育自身的发展规律。小学教育的职能具体表现为：第一，学习的各个学科能够更好地与初中进行衔接，为学习初中课程打下基础，有利于职业技术教育的推广与发展；第二，将自然、社会纳入课程体系，培养学生的民主精神、科学精神以及共和观念。

1945 年，张家口第一次解放，这时的小学教育要培养能读会写，能生产劳动，会过光景，具有民族觉悟、民主作风的新公民。[1] 可见，这时小学教育的职能主要是培养人，培养人的道德，注重人自身的发展。

五、促进社会稳定

清朝末年，小学教育的职能主要是培养国之栋梁，为国家服务。此时虽然实行废科举、兴学堂的制度，但仍沿袭封建教育制度，这时小学教育的职能还是"养育贤才以供朝廷之用"。清光绪二十九年（1903 年），颁布《学务纲要》，其主要职能是培养"忠君、尊孔、尚公、尚实"的人。光绪三十二年（1906 年），清政府进一步颁布了"忠君、尊孔、尚公、尚武、尚实"的教育方针。[2]

邯郸市的《邯山区志》中提到，清末兴办新学堂，以忠孝为

---

[1] 张家口市桥西区地方志编纂委员会. 张家口市桥西区志 [M]. 北京：九州出版社，2015：854.

[2] 张家口市桥西区地方志编纂委员会. 张家口市桥西区志 [M]. 北京：九州出版社，2015：853.

本。民国初期，废除清末忠君、尊孔的教育宗旨，提倡"公德"教育。民国四年（1915 年），袁世凯发布"爱国、尚武、崇实、法孔孟、重自治、戒贪争、戒躁进"七项宗旨，它是资产阶级民主与封建教育的混合物。① 邯郸市的《馆陶县志》中提到，民国十六年（1927 年）后，国民政府推行"党化教育""三民主义教育"，各学校都设修身课，宣讲三民主义，宣扬"忠孝、仁爱、信义、和平"的思想。②

民国十八年（1929 年），国民党政府颁布教育宗旨："中华民国之教育，根据三民主义以充实人民生活，扶植社会生存，发展国民生计，延续民族生命为目的。"教育领域继续推行三民主义。国民党政府进一步贯彻一个党、一个主义的教育。③

六、促进国家发展

光绪三十二年（1906 年）之后，保定出现了招收家境贫困幼儿的平民幼儿园。宣统二年（1910 年），法籍传教士将原来徐水安家庄的公教育婴院迁至保定西大园，所招收的都是家境贫困、父母无力抚养的婴儿。民国二十一年（1932 年），女二师发起成立"保定平民幼稚教育促进会"，旋与保定基督教青年会合作，创办的幼稚园开始招收平民幼儿。

---

① 河北省邯郸市邯山区地方志编纂委员会. 邯山区志［M］. 合肥：安徽人民出版社，1991：381 – 394.

② 河北省馆陶县地方志编纂委员会. 馆陶县志［M］. 北京：中华书局，1999：645 – 646.

③ 张家口市桥西区地方志编纂委员会. 张家口市桥西区志［M］. 北京：九州出版社，2015：854.

辛亥革命后，民众思想逐步解放，倡导破除封建迷信，兴办新学，大量学堂建立。虽有学堂，但私塾仍然存在，形成了二者并存的局面。学堂主要教授一些新知识，目的是促进思想解放，唤醒民众，启发民智，为推翻统治阶级建立更广泛的群众基础。民国十一年（1922年），教育部又颁布壬戌学制。此时，保定市各私立小学相继建立，平民小学也在逐渐开办，对城乡贫苦儿童实施免费义务教育。

民国十四年（1925年），石家庄创办了贫民教养院，内设育婴所和孤儿所，主要用来收容贫苦的孤儿，这时的蒙学教育已经开始关注到了处境不利的幼儿，虽然发展较为缓慢，但已经逐渐平民化。

抗日战争胜利后，各地区逐步解放，政府和教育部门开始积极地恢复教育秩序，各地区均开始开办小学，为中华人民共和国成立后教育事业的发展奠定了初步基础。1945年11月，邢台市解放，在中国共产党领导下，人民教育的方针是"教育为政治服务，教育为生产服务，与生产劳动相结合"。除向学生传授文化知识外，邢台市还着重对学生进行爱祖国、爱人民、反内战等教育，并组织广大师生参加反内战、反侵略的宣传和生产自救。学校向工农开门，一批中小学校相继建起，教育很快得到恢复发展。① 中华人民共和国成立后，教育方针也随之发生变化，学校的职能也变成了培养爱祖国、爱人民的国民。

---

① 柏乡县地方志编纂委员会. 柏乡县志［M］. 北京：方志出版社，2000：614.

第二节　河北近现代蒙学的课程

整体来看，河北近现代蒙学课程的发展经历了由零散到系统、由单一蒙学教材发展为现代课程体系的过程。分时期来看，明清时期以学习古圣先贤编撰的教材、经书为主；民国时期则更加偏向现代化的课程体系，课程开设门类众多，内容丰富；抗日战争时期到解放战争时期，由于时局动荡，所学课程多配合抗日斗争的形势开展，在各根据地开展教学。

下面将分地区分别介绍明清时期、民国时期以及抗日战争时期到解放战争时期的蒙学课程开展情况。

一、冀南地区

（一）邢台市

1. 明清时期的蒙学课程

《南和县志》（南和县，今邢台市南和区）中记载，县内私塾的蒙童在初学"三百千"阶段，"以认字、写字、朗读、背读为主"，在学习"四书五经"时，"先朗读、背读，熟练后，先生才点读句子，开讲文章段、句含义，并在解释文句时，练习点题（常以'四书五经'诸书中某一短语为题作文）"。①

---

① 南和县地方志编纂委员会. 南和县志［M］. 北京：方志出版社，1996：447–448.

《平乡县志》记载，明清时期，学生多在私塾中学习，学习内容多为《三字经》《百家姓》《千字文》及"四书五经"等。① 清末小学堂设修身、经学、国文、算术等科。②

《广宗县志》记载："清光绪二十九年（1903年），学校始分完全科和简易科，除教学生学习一般的读、写、算知识外，还安排一定的读经讲经时间。"③

《邢台市志（前17世纪—1993.6）》记载："社学是元明清三代地方上采取官办民助形式的小学。课程设置除'四书'外，还要学冠、婚、丧、祭、礼及经史历算。义学、私塾系启蒙教育。启蒙教材一般是《三字经》《百家姓》《千字文》以至《大学》《中庸》《论语》《孟子》。"④ 该书亦记载："清光绪三十一年（1905年），邢台县立南长街高等小学堂由于师资暂缺，只上《诗经》、体操等课程。半年后开国文、算术、地理、图画、体操。"⑤

根据《内邱县志》的记载，内邱县儒学始建于宋代大观年间。县儒学以"四书五经"为基本教材，同时也学习宋代、明代的理学著作以及应付科举考试的"时文"一类内容。清光绪十三年（1887年），县儒学改为中邱书院，主要学习皇帝颁发的上谕、

---

① 平乡县地方志编纂委员会. 平乡县志［M］. 北京：方志出版社，1999：620.

② 平乡县地方志编纂委员会. 平乡县志［M］. 北京：方志出版社，1999：624.

③ 河北省广宗县地方志编纂委员会. 广宗县志［M］. 石家庄：河北人民出版社，1999：568.

④ 邢台市地方志编纂委员会. 邢台市志（前17世纪—1993.6）［M］. 北京：中国对外翻译出版公司，2001：991.

⑤ 邢台市地方志编纂委员会. 邢台市志（前17世纪—1993.6）［M］. 北京：中国对外翻译出版公司，2001：1001.

"四书五经"、《资治通鉴》等。①《内邱县志》也记载："私塾教育启蒙阶段学习《百家姓》《三字经》《千字文》《弟子规》等。也学珠算、记账、契约、帖条等知识；开讲阶段学《论语》《孟子》《大学》《中庸》《诗经》《书经》《礼记》《左氏春秋》等。"②

《威县志》中记载："明代庙学中，课程设置主要为礼、律、书、乐、算、射，为生员必修科。但为了追求科举及第，多以'四书'（《大学》《中庸》《论语》《孟子》）、'五经'（《诗经》《书经》《礼经》《易经》《春秋》）和训练'八股'文章为主。"明代书院中课程设置与庙学大体相同；此外，明代凡年满七八岁者，都要入社学就读，社学的主要学习内容为御制、法令、家理等；明代私塾学生多为蒙童，教学内容以识字为主。初学《百家姓》《千字文》《三字经》等，之后学"四书五经"。③

《临西县志》中也有相关内容："民国时期，初级小学设三民主义、公民、国语、算术、历史、地理、卫生、自然、音乐、体育等课程；高级小学设党义、国语、社会、自然、算术、工作、美术、体育、音乐等课程。"④

"宣统元年（1909 年），南和县有半日半夜学校一所，教员一人，学生二十人，学习课程为国文、算术。"⑤ "宣统二年（1910年），在全县开始设立劝学所和官立初等小学堂。学校设国文、算

① 河北省内邱县地方志编纂委员会. 内邱县志 [M]. 北京：中华书局，1996：739.

② 河北省内邱县地方志编纂委员会. 内邱县志 [M]. 北京：中华书局，1996：741.

③ 威县地方志编纂委员会. 威县志 [M]. 北京：方志出版社，1998：644 - 646.

④ 临西县地方志编纂委员会. 临西县志 [M]. 北京：中国书籍出版社，1996：613.

⑤ 南和县地方志编纂委员会. 南和县志 [M]. 北京：方志出版社，1996：453.

术、历史等新文化课程。民国元年（1912 年）废科举私塾，倡导新学，提倡男女同等入学，研习新文化，罢读'四书五经'。"①

　　明清时期邢台市各地区的蒙学教育都有了一定的发展，出现了各种各样的蒙学课程，且慢慢由学"三百千"等转变为开设国文、算术、经学、地理等多门课程，更加向现在的多学科靠拢。

　　2. 民国时期的蒙学课程

　　《平乡县志》记载，民国初期，"小学废除经学，仍设国文、算术，增设历史、地理、音乐、体育"。②

　　《广宗县志》记载："民国元年（1912 年）一月，根据《普通教育暂行办法》规定，初等小学校开设国语、算术、修身、游戏、体操、图画、手工等。高等小学校增开历史、地理等。民国九年（1920 年）改一、二年级的国语课为语文课。民国十一年（1922 年）废止文言文教材。"③

　　河北省广宗县地方志编纂委员会编的《广宗县志》记载："民国时期设国文、算术、修身、体育、音乐等课"；"民国三十五年（1946 年）后设语文、算术、体育、音乐、美术，高小增加自然、历史、地理课。四年级以上算术包括珠算。"④ 图 2 - 1 为 1933 年南街小学师生合影。

―――――――――――

　　① 南和县地方志编纂委员会. 南和县志 [M]. 北京：方志出版社，1996：449.
　　② 平乡县地方志编纂委员会. 平乡县志 [M]. 北京：方志出版社，1999：624.
　　③ 广宗县地方志编纂委员会. 广宗县志 [M]. 石家庄：河北人民出版社，2015：568.
　　④ 河北省广宗县地方志编纂委员会. 广宗县志 [M]. 北京：方志出版社，1999：498.

图2-1 1933年南街小学师生合影①

民国时期，初、高等小学开设的课程包括国文、算术、自然、地理、历史、音乐、习字、体育、手工、图画等，各县学校实际开展的课程可能会有所差别。

《邢台市志（前17世纪—1993.6）》记载："民国十三年（1924年），高等小学的课程渐趋稳定，有修身、国语、算术、中华历史、中华地理、博物、物化、图画、手工、体操、音乐、外国语等十二门课程。女子高小和陶淑女校男有女红、家政课。"②

《内邱县志》记载：民国年间，内邱县小学学制多数是四二学制，即初级小学四年，高级小学两年。初级小学课程是国语、算

---

① 广宗县地方志编纂委员会. 广宗县志［M］. 石家庄：河北人民出版社，2015：560.

② 邢台市地方志编纂委员会. 邢台市志（前17世纪—1993.6）［M］. 北京：中国对外翻译出版公司，2001：1001.

术、公民、音乐、体育、习字；高级小学增设地理、历史等科目。①

《柏乡县志》中也记载：民国初年，柏乡县七十二个村办起了公立初等小学校。办有县立高小一所，面向全县公立初等小学校招生，接受党义、公民、修身等思想教育，开设国文、算术、自然、地理、历史、习字、手工、音乐、图画等十二门课程，学制为四三制（低年级四年，高年级三年）。②

《威县志》记载："民国十四年（1925 年）春，威县境内小学开始采用商务印书馆所印的新课本。初级小学主要设有国语、算术、工用艺术、形象艺术、音乐等；高级小学设有国语、算术、常识、历史、地理、工用艺术、形象艺术、音乐、公民。"③ 威县1948 年高级小学课程设置见表 2 - 1。

表 2 - 1　威县 1948 年高级小学课程设置④

设置项目	科目							
	算术	历史	地理	社会	自然	音乐	美术	体育
每周节数/节	6	2	2	2	2	2	1	1
每节时数/分钟	50	50	50	50	50	50	30	30

总的来看，民国时期的邢台市蒙学课程更加丰富多样，小学分为初等小学校和高等小学校，不同阶段学习的课程不同：初等小学校课程内容更为基础，以识字教育和情操培养为主；高等小

---

① 河北省内邱县地方志编纂委员会. 内邱县志 [M]. 北京：中华书局，1996：743.

② 柏乡县地方志编纂委员会. 柏乡县志 [M]. 北京：方志出版社，2000：617.

③ 威县地方志编纂委员会. 威县志 [M]. 北京：方志出版社，1998：649.

④ 威县地方志编纂委员会. 威县志 [M]. 北京：方志出版社，1998：650.

学校则更侧重文化知识的学习。

3. 抗日战争时期—解放战争时期的课程

《平乡县志》记载，抗日战争期间，敌占区小学除被强加日本奴化教育外，其他课程无大变化；游击区则由教师编写教材，除学习国文、算术、历史、地理等基础知识外，还宣传抗日救国，所学课程注意配合抗日斗争的形势。解放后，小学课程设政治、语文、算术、体育、音乐、美术等。①

《广宗县志》记载："抗日战争初期，抗日小学使用冀南行署和县抗日政府编印的教材，民国三十一年（1942 年）起使用晋冀鲁豫边区政府统编教材。民国三十五年（1946 年）开始，初级小学开设语文、算术、体育、音乐、美术等课程，高级小学增加自然、历史、地理课。"②

《邢台市志（前 17 世纪—1993.6）》则有记载："日军占领邢台后，在城内各小学强行开设日语课，郊区及较偏僻小学则抵制日伪课程，日伪教育科派员视察时就摆放日伪课本，待人一走，又换上民国课本。有的则仍上私塾课程。孔村等较远小学公开上抗日课本。一般学校的教材是《三字经》《百家姓》《千家诗》《七言杂字》《朱子治家格言》《论语精华》《孟子》《论语》《诗经》等。"③ "邢台解放后，冀南行署与太行行署合并，原冀南保育院由威县胡家营迁邢台城里凤凰街（现顺德路），更名为邢台专

①　平乡县地方志编纂委员会. 平乡县志［M］. 北京：方志出版社，1999：624.

②　广宗县地方志编纂委员会. 广宗县志［M］. 石家庄：河北人民出版社，2015：568.

③　邢台市地方志编纂委员会. 邢台市志（前 17 世纪—1993.6）［M］. 北京：中国对外翻译出版公司，2001：1001.

区保育园，隶属专署教育科领导。入托幼儿由 30 名增至 100 名，编为三个班，被褥、用具乃至生活费全部实行供给制。按照苏联《教养员工作指南》进行教学，分设语言、计算、体育、常识、音乐、美术、游戏七门课程。"①

内邱县的幼儿教育也有了一定的发展。内邱县幼儿教育始于 1945 年秋，幼儿班以教孩子认字、计数、唱歌为学习内容。②

根据《内邱县志》中的内容可以了解到，1937 年内邱沦陷后，日伪政权在各校推行奴化教育，向学生灌输"大东亚共存共荣"思想，妄图使小学生从小就接受"亡国奴"思想教育。根据地的学校，主张在学生中进行"五不"教育：不告诉敌人一句实话；不向敌人报告干部和八路军的情况；不报告坚壁物品的地方；不要敌人的东西，不上敌人的当；不上敌人开办的学校，不参加敌人的少年团体。学生们负责的消息树、观察哨为粉碎日本侵略军的扫荡起了很大作用。③ 而处于抗日游击区的"两面学校"（又称伪装学校）拥有两套课本，敌人来了就拿敌伪课本上课，敌人一走就学抗日课程。抗日根据地的学校则是"在学习文化的同时，学生还担负站岗放哨、送信及社会宣传等工作"。④

抗日战争时期，学校教授的课程内容根据学校性质的不同也

---

① 邢台市地方志编纂委员会．邢台市志（前 17 世纪—1993.6）［M］．北京：中国对外翻译出版公司，2001：998.

② 河北省内邱县地方志编纂委员会．内邱县志［M］．北京：中华书局，1996：741.

③ 河北省内邱县地方志编纂委员会．内邱县志［M］．北京：中华书局，1996：764.

④ 河北省内邱县地方志编纂委员会．内邱县志［M］．北京：中华书局，1996：742.

大有不同，学校主要可分为三种，日伪学校、"两面学校"和抗日根据地的学校，三种学校开设的课程各不相同。除了国文、算术、历史、地理等基础课程外，日伪学校还会开设日语课程，抗日根据地的学校则会开设抗日教育课程，"两面学校"则备有两套课本，日伪来了用一套，其他时间则学习另一套抗日课程。

（二）邯郸市

1. 明清时期的蒙学课程

中华人民共和国成立前，蒙学（主要是小学）的课程根据时局的变化而异。

《复兴区志》中有记载，清末私塾课程没有统一的规定，一般设《三字经》《百家姓》《千字文》《论语》等。辛亥革命后，取消了科举和儒学课程，初等教育实行七年制。①

《馆陶县志》中也记载：道光二十年（1840 年）前后，小学课程以《三字经》《百家姓》《千字文》等为主，教学计划由教师自行掌握。光绪二十九年（1903 年），始分完全科和简易科，均为五年修业，除教学生一般的读、写、算知识外，每周还安排一定的读经讲经时间。②

《大名县教育志》中也记载，封建社会塾馆教育课程设置无统一规制，教材大多为《三字经》《百家姓》《千字文》、"四书五经"等。清末，朝廷颁布《奏定学堂章程》（亦称癸卯学制），其中明确规定：初等小学堂开设修身、读经讲经、中国文字、算术、

---

① 河北省邯郸市复兴区地方志编纂委员会. 复兴区志 [M]. 北京：中国县镇年鉴社，1999：307.

② 河北省馆陶县地方志编纂委员会. 馆陶县志 [M]. 北京：中华书局，1999：650.

历史、地理、格致、体操八科必修科，图画、手工两科为随意科，读经讲经主要是读、讲《孝经》《论语》《大学》《中庸》《孟子》《礼记》等。高等小学堂开设课程以初等小学堂开设的十科为必修科，另设农业、商业两科为随意科，修身教材以"四书"为主，经学以《诗经》《书经》《易经》等为主。①

《邯郸市志》中也记载：清末，城乡均存私塾，私塾多设在庙宇、旧民房或塾师家里。教材主要有"四书五经"、《千字文》《三字经》《百家姓》等，私塾一直延续到日伪时期。②清末兴学堂后，小学堂分为初等、高等两个等级。初等小学堂学制五年，设国文、经书、修身、算学、手工、图画、音乐等课程；高等小学堂学制四年，加设格致、体操，无手工。女子初等小学堂设修身，主要讲授《女儿经》《养良集》。③

《邯郸市志》记载：光绪三十年（1904年）前，高、初等小学堂课程同义塾。翌年起，初等小学堂开设修身、读经讲经、中国文字、算术、历史、地理、格致、体操八科必修科，图画、手工为随意科，每周授课三十小时，其中读经讲经每周十二小时，占全部课时40%，每日半小时温经不计其内。高等小学堂以初等小学堂开设的十科为必修科，另设农业、商业两科为随意科，每周授课三十六小时，其中修身每周两课时。女子初等小学堂开设修身、国文、算术、女红、体操、图画六科必修科，音乐为随意科，每周授课为二十四至二十八小时；女子高等小学堂开设修身、

①　大名县教育志编纂委员会．大名县教育志［M］．郑州：中州古籍出版社，2016：105.

②　邯郸市地方志编纂委员会．邯郸市志［M］．北京：新华出版社，1992：726.

③　邯郸市地方志编纂委员会．邯郸市志［M］．北京：新华出版社，1992：730.

国文、算术、中国历史、地理、格致、图画、女红、体操九科必修科，音乐、图画为随意科，每周授课三十小时。①

《邯山区志》中也记载，清末时期高等小学堂课程设国文、经书、算学、格致（自然科学）、修身（品德）、体操、音乐、图画等课。初等小学堂设国文、经书、修身、算学、手工、图画、音乐等课。②

《邱县志》记载："私塾对学生启蒙以识字为主，教材一般采用《山西杂字》《千字文》《百家姓》《三字经》等；对年龄稍大的学生逐渐增加《增广贤文》《幼学琼林》《声律启蒙》《古文观止》和'四书五经'等教材。"③

《邱县志》也记载：明清时期官学、私塾，所学教材多为《三字经》《百家姓》《千字文》、"四书"（《大学》《中庸》《论语》《孟子》）、"五经"（《诗经》《书经》《易经》《春秋》等）。清末亦有加学《尺牍》或算术、国文、诗文的。以后，私塾大都改为小学。④

《武安县志》（武安县，今邯郸市武安市）记载，光绪三十一年（1905 年）废科举、兴学校，教育出现新的转折。在课程内容中，自然科学知识占极大比重，同时废除"忠君、尊孔"的教育宗旨。⑤

---

①　邯郸市地方志编纂委员会．邯郸市志：第四卷［M］．北京：方志出版社，2015：19.

②　河北省邯郸市邯山区地方志编纂委员会．邯山区志［M］．合肥：安徽人民出版社，1991：382.

③　邱县地方志编纂委员会．邱县志［M］．北京：方志出版社，2001：877.

④　邱县地方志编纂委员会．邱县志［M］．北京：方志出版社，2001：908.

⑤　武安市地方志编纂委员会．武安县志［M］．北京：中国广播电视出版社，1990：711.

这一时期的蒙学课程呈现出分年龄段教学的特点。初期以识字教育为主，所使用的教材多为一些基础蒙学教材，年龄稍大的学生则以学习哲人先贤的著作为主要的课程内容，且随着年龄增长，自然知识在课程中所占的比重逐渐增大。

2. 民国时期的蒙学课程

《馆陶县志》记载，民国元年（1912年）一月十九日颁布《普通教育暂行办法》。初等小学校所设课程为修身、国语、算术、游戏、体操、图画、手工等；高等小学校所设课程为修身、国语、算术、历史、地理、体操、图画、手工等。民国八年（1919年）的五四运动推动了新文化运动的发展，民国九年（1920年），奉令改一、二年级的国语课为语体文。民国十一年（1922年），废止了文言文教材。民国三十一年（1942年），晋冀鲁豫边区政府公布了教学计划，并做了说明，时间分配以五十分钟为一节课；国语课包括说法、讲法、写法、作法在内；社会包括历史、地理及政治常识等，高小可分编；初小常识包括社会、自然、卫生，高小常识包括社会、自然、公民；自四年级起，算术课加授珠算。[①]

《峰峰志》（峰峰，今邯郸市峰峰矿区）中记载："1912年中华民国政府成立后，废科举、兴学校。课程由传统的尊孔读经，逐渐转向国语（白话文）、自然科学知识等内容。1927年后，又提出以'三民主义'为教学宗旨，初级小学设国语、算术、常识、音乐、体育、图画，高级小学设国文、算术、历史、地理、自然、卫生、音乐、体育、图画等。"[②]

① 河北省馆陶县地方志编纂委员会. 馆陶县志［M］. 北京：中华书局，1999：650.

② 峰峰矿区地方志编纂委员会. 峰峰志［M］. 北京：新华出版社，1996：750.

《邯郸市志》记载：民国元年（1912年），初等小学校改为四年，高等小学校三年，男女由分设学校到同校，初等小学校开设修身、国文、算术、手工、图画、唱歌、体操；女子加缝纫科。高等小学校开设修身、国文、算术、中国历史、地理、理科、手工、图画、唱歌、体操；男子加农业科，女子加缝纫科。每周授课时间因学年而异，一般为男校三十节，女校三十二节。通常每节四十五或五十分钟，节与节之间有十至十五分钟的休息时间。民国四年（1915年），北洋军阀掀起复古逆流，小学加读经一科，邯郸即从小学四年级起开设读经科。翌年取消读经科。课程设置方面，逐渐废除读经科，历史、地理为高小阶段课程，将算学改为算术、国文改为国语。民国十二年（1923年），颁行《新学制课程标准纲要》，规定初级小学开设国语、算术、社会（包括公民、卫生、历史、地理）、自然园艺、工用艺术（由手工改称）、形象艺术、音乐、体育八科；高级小学开设国语、算术、公民、历史、地理、卫生、自然、园艺、工用艺术、形象艺术、音乐、体育十二科。授课时间改为以分钟计：平均三十分钟为一节，可缩至十五分钟或延至四十五至六十分钟。"初小前两年每周授课1080分钟，后两年每周授课1260分钟；高小每周授课1440分钟。"[①]

《邯山区志》中也记载：民国时期，初设国文、算术、唱歌、劳作、修身、体育、图画，之后分初高小。初小设国语、算术、常识、图画、唱歌、劳作、修身。高小设国语、算术、公民、历

---

① 邯郸市地方志编纂委员会. 邯郸市志：第四卷［M］. 北京：方志出版社，2015：19.

史、地理、劳作、自然、美术、音乐、体育。[①]

《涉县志》也记载：民国元年（1912年），南京临时政府教育部颁布《普通教育暂行办法》，初等小学堂改为初等小学校，学制四年。高等小学堂改为高等小学校，学制三年，不久改为两年。时全县有初等小学校八十一所，有城中、玉泉、汇漳、漳南、乘云、龙山、符山七个学区，各设校长一名。高等小学校在县城内西北隅，五个班，共二百五十三名学生。是年起，禁用原清学部颁行的教科书。初等小学校设修身、国语、算术、手工、图画、体操、唱歌，高等小学校增中华历史、中华地理、博物、物化。[②]

据《武安县志》记载，1912年中华民国政府成立，提出"注重道德教育，以实利教育、军国民教育辅之，更以美感教育完成其道德"的教育宗旨。1927年后，又提出了以三民主义为教育宗旨，并曾作出具体规定。民国元年（1912年），改高等小学堂为高等小学校，改初等小学堂为初等小学校，实行壬子癸丑学制，初等小学校四年，高等小学校三年，学生六岁入学。民国十一年（1922年），改行壬戌学制。民国二十四年（1935年），"全县县立中等学校及完全小学已有13所，在校生2225名；初级小学259所，在校生12273名。全县共有在校生14498名，占学龄儿童49415名的29.3%。"高级小学设国文、算术、历史、地理、自然、卫生、音乐、体育、图画。初级小学设国语、算术、常识、

---

① 河北省邯郸市邯山区地方志编纂委员会．邯山区志［M］．合肥：安徽人民出版社，1991：382.

② 涉县地方志编纂委员会．涉县志［M］．北京：中国对外翻译出版公司，1998：692.

音乐、体育、图画。学制改为初级小学四年，高级小学两年。①

这一时期，民国政府先后颁布《普通教育暂行办法》《普通教育暂行课程标准》《新学制课程标准纲要》，这使得课程的制定和实施更加有法可依，更为规整有序。课程内容的设定也更加考虑到学生的性别特点和年龄特点：如高等小学男子加农业科，女子加缝纫科；自四年级起，算术课加授珠算等。

3. 抗日战争时期—解放战争时期的课程

《大名县教育志》中记载，1937 年 11 月 13 日，日军侵入大名，一切学校停办或停课。第二年，宏济桥女子小学开始复课，但返校学生仅有半数（一百五十人）。大名抗日民主政府成立后，先后创立了六所抗日高等小学（但没有完全小学校），主要宣传抗日救国的道理，提高民族自尊心。办学方式多种多样，教师待遇及学校一切经济费用，均由抗日民主政府供给。学制长短，无统一规定。在课程设置上，减少不必要的科目，增设了一些为抗战需要的科目，自行编印了适合抗战和生产需要的教材。② 1948 年，《冀南区小学暂行实施办法》规定，初小课程设国语、常识、算术、珠算、唱游、习字、美术等，一、二年级五门，三、四年级七门。高小课程设国语、算术、历史、地理、自然、公民、体育、音乐、美术九门。③

《邯山区志》中也记载：日伪统治时期，初期所用教材基本上

---

① 武安市地方志编纂委员会. 武安县志 ［M］. 北京：中国广播电视出版社，1990：711.

② 大名县教育志编纂委员会. 大名县教育志 ［M］. 郑州：中州古籍出版社，2016：95.

③ 大名县教育志编纂委员会. 大名县教育志 ［M］. 郑州：中州古籍出版社，2016：109.

沿用国民党时期的课本，另外增加"中日亲善"和"大东亚共荣圈"的政治内容。解放后，初小设国文、算术、图画、体育、唱歌，高小设国文、算术、自然、历史、体育、音乐、美术。①

《邱县志》也对这一时期的教育情况有所记载。抗日战争时期邱县农村小学均设在远离日伪炮楼的村庄，主要任务是站岗、放哨、唱歌，没有课本，教师自选、自编教材。1939 年 7 月，成立抗日游击高小，学习科目为语文、算术、地理、历史、音乐等，为搞好抗日宣传，学生重点学好音乐课。邱城小学，处在侵华日军控制下，实行殖民渗透，竭力推行奴化教育，课程增设日语。②

《曲周县志》记载：抗日战争时期根据地依庄、侯村一带几乎村村都有小学，为四年制复式班，设置算术、体育、音乐、图画等课程。日本侵略军占领曲周县城后，日伪政府为了麻痹人民而进行奴化教育，在县城办起了男、女完全小学各一所。课程设置为国语、算术、历史、自然、地理、日语、音乐、图画、劳作、体育，主要对学生进行"孔孟之道""王道乐土"及"大东亚共荣圈"的奴化教育。1945 年 8 月 25 日，日本侵略军撤离曲周，全县解放，抗日战争胜利结束，村、区抗日政权由隐蔽转为公开，县政府设有教育科，管理教育及其他文化事业，教育事业呈现新局面。③

《广平县志》中也记载，抗日战争以前，高小开设国语、算术、公民训练、社会常识和自然常识、体育、音乐、美术等课程。

---

① 河北省邯郸市邯山区地方志编纂委员会. 邯山区志 [M]. 合肥：安徽人民出版社，1991：382－383.

② 邱县地方志编纂委员会. 邱县志 [M]. 北京：方志出版社，2001：908.

③ 曲周县地方志编纂委员会. 曲周县志 [M]. 北京：新华出版社，1997：547.

农村初小全为复式班，主要开设国语、算术课，并把练习毛笔字作为学生主要学习内容之一。抗日战争期间，由于环境恶劣，根据地的小学多为游击性质，时办时停，教学时间不能保证。有的学校没有固定的地点，多数学校没有桌凳。所学课程使用边区政府油印的国语、算术课本。有的没有课本，以《人山报》作教材，课程开设不齐全。①

《邱县志》中则记载，1934—1937 年 7 月全县学校教育基本稳定。"七七事变"后，城乡一片混乱，学校停办。1939 年侵华日军在县城强制推行奴化教育，办起一所小学，课程设国语、算术、学识、修身、日语、劳作、音乐、体育、美术。1939 年 7 月邱县抗日高小成立，课程设国语、算术、音乐、体育、美术等，课本为油印或手抄本。②

这一时期的课程内容更加贴近实际，在课程设置上增设了一些抗战需要的科目，自行编印了适合抗战和生产需要的教材。由于环境恶劣，此时的学校时办时停，不能保证教学时间，课程设置也较为简单、随机。

二、冀东地区

(一) 秦皇岛市

中华人民共和国成立前秦皇岛市的有关资料无法考证，暂略。

---

① 广平县地方志编纂委员会．广平县志［M］．北京：文化艺术出版社，1995：525．

② 邱县地方志编纂委员会．邱县志［M］．北京：方志出版社，2001：880．

（二）唐山市

1. 明清时期的蒙学课程

《滦南县志》中记载，民国以前，境内初等教育的唯一形式是私塾，主要学习《百家姓》《千字文》《论语》《孟子》《中庸》《大学》等。私塾重视写字教学，初学"描红"，进而临字帖。学生到校先写毛笔字，写完字后再读书。①

《唐山市开平区志》中也记载，私塾为旧时"私学"的一种，当时，教学方法分启蒙、开讲两个阶段。启蒙教学以识字为主，学生读熟背会后另换新书，学习内容有《百家姓》《三字经》《千字文》《四言杂字》《女儿经》《弟子规》等。程度较高者学习《朱子治家格言》《名贤集》《幼学琼林》《古文观止》、"四书五经"、《千家诗》《声律启蒙》《简明尺牍》等，兼学作文、习字、珠算等。年后，教师开始讲学。对年长的学生，除课业外，另教写旧体诗、做文章、编对联等。②

《唐山市开平区志》中也记载，清末，小学课程主要有修身、说话、国文、算术、历史、地理、习字、体操等课程。

《滦县志》（滦县，今唐山市滦州市）中也记载，光绪三十一年（1905 年），知州李兆珍办的官立小学开设修身、说话、国文、算术、历史、地理、习字、体操等课程。

《唐山市新区志》中也记载，境内最早的一所小学是东杨家营灵照寺小学，清光绪二十六年（1900 年）由当地秀才宋鸿儒创办。

---

① 河北省滦南县地方志编纂委员会. 滦南县志 ［M］. 北京：生活·读书·新知三联书店，1997：663 - 668.

② 唐山市开平区地方志编纂委员会. 唐山市开平区志 ［M］. 北京：方志出版社，2016：475.

当时只招两个班，共四十多名学生。教材有《国文》《修身》《算术》，还有《三字经》《百家姓》《千字文》和《幼学琼林》等。①

这一时期的启蒙教学以识字为主，重视道德教育，所学内容的难度随年龄增长而提高，如教授年长的学生做文章、编对联等。

2. 民国时期的蒙学课程

《唐山市开平区志》记载：民国元年（1912 年），课程有语文、算术、农业、商业、英文、历史、地理、理科、绘画、修身、体操、手工、劳作等。民国十二年（1923 年），小学课程有国文、算术、自然、历史、地理、公民（后改为三民主义）、体操、唱歌、图画、写字、珠算等。民国二十四年（1935 年），小学课程有国语、算术、自然、地理、修身、日语、卫生、音乐、体育、美术、珠算、习字、经训等。②

《滦县志》记载：民国十二年至二十四年（1923—1935 年），课程有国文、算术、自然、历史、地理、公民（后改三民主义）、体操、唱歌、图画、习字、珠算。③

《滦南县志》中也记载，民国元年至二十五年（1912—1936年），小学分初等小学和高等小学。初等小学开设修身、国文、算术、手工、图画、唱歌、体操七科；高等小学开设修身、国文、算术、本国历史、地理、理科、英文、图画、唱歌、体操等十一科。

①　唐山市新区地方志编纂委员会. 唐山市新区志［M］. 北京：中华书局，1993：413 – 416.

②　唐山市开平区地方志编纂委员会. 唐山市开平区志［M］. 北京：方志出版社，2016：477 – 478.

③　滦县志编纂委员会. 滦县志［M］. 石家庄：河北人民出版社，1993：607 – 610.

《唐海县第一农场志》（唐海县，今唐山市曹妃甸区）中记载，民国三十六年（1947年），第十一农庄农民张寿山应众之托，从老家乐亭县乌家兰地聘请张进先生到此办私塾。尔后，第十农庄、第四农庄也相继办起私塾。各农庄共收学生三十六人，以识字为主，教授《千字文》《百家姓》等。民国三十七年（1948年），第二、第三、第四、第五、第六、第七、第十三、第十四、第十七、第十八农庄分别建学校，私塾并入初小，共有教师十四人，学生二百二十人。教室共四十八间，开设语文、算术、体育、唱歌、写字五门课程。①

《唐山市路南区志》中也记载，民国元年（1912年）境内小学设国文、算术、农业、商业、英文、历史、地理、理科、修身、绘画、体操、手工、劳作等课程。民国十二年（1923年）后设国文、算术、自然、历史、地理、公民（后改为三民主义）、体操、唱歌、图画、习字、珠算等课程。

民国时期的课程体系逐渐完备，课程种类丰富，出现了分科课程，且文化科与艺术科兼备，致力于促进学生的多方面发展。

3. 抗日战争时期—解放战争时期的课程

抗日战争时期到解放战争时期的各县课程如下。

《滦南县志》记载，1937—1945年，在日伪统治区，伪冀东公署规定，一至六年级均开设修身、卫生、体育、国语、社会、自然、算术、劳作、美术、音乐课程；三至六年级均开经训（《孝经》节录）。1940年，伪滦县公署规定，一至六年级均设修身、国

---

① 中共唐山市曹妃甸区委党史研究室，唐山市曹妃甸区人民政府地方志编纂委员会办公室. 唐海县第一农场志［M］. 石家庄：河北人民出版社，2018：226－228.

语、笔算课；一至四年级开设常识课；五至六年级开设历史、地理、自然课；一至三年级开设劳作课；四至六年级开设美术课；一至二年级开设唱游；三至六年级开设音乐、体育课；三至六年级开设日语、劳作课。在解放区，小学大致开设与沦陷区相同的课程，但不设日语和修身课，语文用民主政府编印的课本，开设时事政治课。①

《唐山市路南区志》中也记载日伪统治时期，设国语、算术、自然、历史、地理、日语、修身、音乐、体育、美术、珠算、习字、经训等课程。民国三十年（1941 年）后设公民、国语、笔算、珠算、历史、地理、自然、英语、音乐、体育、劳作、美术等课程。②

抗战时期，日伪学校教授的课程除了国语、算术等基础课程之外，还有日语、修身、经训等为他们的奴化教育服务的课程。抗日学校则开设各种抗日教育课程，为抗战培养、输送人才。

三、冀北地区

（一）张家口市

1. 明清时期的蒙学课程

《宣化区志》记载，清朝时期，小学教育的课程深受政策和制度的影响。根据 1903 年颁布的《奏定学堂章程》，设定初等小学堂的课程有读经讲经、修身、算术、中国文字、格致、图画、手

---

① 河北省滦南县地方志编纂委员会. 滦南县志 [M]. 北京：生活·读书·新知三联书店，1997：663 - 668.

② 唐山市路南区地方志编纂委员会. 唐山市路南区志 [M]. 北京：海潮出版社，2000：605 - 609.

工以及体操，高等小学堂的课程又在此基础上添加了中国文学、中国历史、地理。①

2. 民国时期的蒙学课程

民国时期，幼儿教育的课程主要是自编课程，课程内容大都涉及游戏。如民国二十一年（1932 年），女高分校——三官庙小学办起了宣化第一所幼稚园，入学幼儿学习描红、手工、图画、唱歌、跳舞、游戏等；民国三十五年（1946 年），幼儿教育采取边编写内容边教的教学形式，课程内容多以游戏为主。② 可见，游戏是这时期课程的主要内容之一。

《张家口市桥西区志》记载：随着"忠君尊孔"的废除，读经讲经课程也就被取消了，随之而来的是更加注重国民道德教育。民国十二年（1923 年），课程中不再设有读经讲经，改修身为公民，改国文为国语，改体操为体育；民国十七年（1928 年），小学的课程有党义、算术、地理、历史、自然、卫生、工艺、美术、音乐、体育；民国二十年（1931 年），小学开设的课程有党义、国语、算术、地理、历史、自然、卫生、工艺、美术、音乐、体育，共十一科。③

（二）承德市

1. 明清时期的蒙学课程

《承德市志》记载，清朝时期，课程开设的内容主要是实用性课程。清光绪二十九年（1903 年），承德初等小学堂的课程有修身、读经讲经、中国文字、算术、中国历史、地理、格致、图画、

---

①② 宣化区地方志编纂委员会. 宣化区志 [M]. 西安：三秦出版社，1998：592.

③ 张家口市桥西区地方志编纂委员会. 张家口市桥西区志 [M]. 北京：九州出版社，2015：854.

体操、手工等；高等小学堂另增设农业、商业课程。宣统元年（1909 年），中国文字科改称国文科。宣统二年（1910 年），承德开始开设女子小学堂，初小课程开设修身、国文、算术、女红、体操、音乐、图画；女子高小增设中国历史、地理、格致。①

2. 民国时期的蒙学课程

自 1949 年 3 月到 1958 年，这几年都是以苏联的《教养员工作指南》作为教育教学依据，其中开设的课程有语言、计算、体育、绘画、社会常识、自然常识。各个托儿所也在保育基础上进行少量教育活动。可见此时的蒙学课程并未停留在保育层面，也渐渐开始有了教育的成分。②

民国时期，由于政策的变化，相应的课程也进行了一定的改变。民国元年（1912 年），取消读经讲经科，其部分内容并入国文科，格致改称理科，开设了乐歌；高小三年开始开设英语课程；女子小学改女红为缝纫。民国四年（1915 年），又加设读经科。民国五年（1916 年），女子小学缝纫科改称家事。民国八年（1919年），取消读经科、修身科，设公民科。民国十二年（1923 年），取消小学英语、农业、商业科，理科改称自然，增设卫生科。民国十八年（1929 年），取消公民、卫生、历史、地理四科，融合其内容而改设社会（即常识）科，又增设党义科。③

3. 抗日战争时期—解放战争时期的课程

民国二十二年（1933 年），承德沦陷以后，各小学取消公民、党义科，将常识科按日本侵略者需要调整内容，改称国民科，增

---

① ③ 承德市地方志编纂委员会．承德市志［M］．北京：新华出版社，2009：1323．

② 承德市地方志编纂委员会．承德市志［M］．北京：新华出版社，2009：1317．

设日语。民国三十年（1941 年）又设国民精神科，日本投降后随即取消。民国三十五年（1946 年），国民党统治时期各小学恢复公民、党义课。民国三十七年（1948 年）十一月，承德第二次解放后，各小学取消公民、党义课，小学低中年级设社会常识课，高年级设政治课，国文课改称语文课。至此，各小学设语文、算术、自然、社会常识（政治）、地理、历史、美术、音乐等课程。①

四、冀中地区

（一）廊坊市

1. 明清时期的蒙学课程

光绪三十年（1904 年），各县书院均改为高等小学堂，并有私立学堂出现。清政府颁布的《奏定学堂章程》把小学分为初等小学堂和高等小学堂。初等小学堂课程有修身、经学、国文、算术、手工、国画、音乐、体操。高等小学堂课程增设历史、地理，其中，经学、修身、国文、算术为必开课程。②

2. 民国时期的蒙学课程

民国十二年（1923 年），根据《中小学课程纲要》，小学设国语、算术、社会、自然、园艺、工用艺术、形象艺术、音乐、体育课程。国语课改文言文为语体文。教会小学同时开设英语。抗日战争时期，教学内容以抗日救国为主，课程主要是国语和算术。③

---

①　承德市地方志编纂委员会. 承德市志 [M]. 北京：新华出版社，2009：1323.

②③　廊坊市志编修委员会. 廊坊市志 [M]. 北京：方志出版社，2001：1692.

（二）衡水市

1. 明清时期的蒙学课程

清朝末年，初等小学堂一般设有修身、国文、算术、唱歌四科。高等小学堂除以上课程外，加历史、地理、格致、图画、体操共九科。①

《冀县志》（冀县，今衡水市冀州区）记载，清光绪二十九年（1903年）开设的必修科有读经讲经、修身、中国文字、算术、历史、地理、格物、体操；随意科有图画、手工；高等小学堂开设的必修科比寻常小学堂多了图画。随意科有手工、农业、商业。宣统元年（1909年）开设的必修科将中国文字改为国文，取消了历史、地理；随意科增加了乐歌。高等小学堂课程设置未变。②

《饶阳县志》记载："私塾和义学在明清时期都较为盛行。饶阳县的私塾和义学都是启蒙教育，学习内容因人而异，刚上私塾、义学的念《百家姓》《三字经》之类的书，以后越读越深。主要是'四书五经'之类，间或学些诗词和珠算。"③

《武强县志》记载："旧式私塾学校教材无统一规定。一般开设《百家姓》《三字经》《千字文》、'四书'（《论语》《大学》《中庸》《孟子》）、'五经'（《诗经》《书经》《易经》《礼经》《春秋》）等，并学珠算和练习写毛笔大、小楷字。"④ 清光绪二十

---

① 阜城县地方志编纂委员会．阜城县志［M］．北京：中国文联出版社，1998：684.

② 河北省冀县地方志编纂委员会．冀县志［M］．北京：中国科学技术出版社，1993：602.

③ 饶阳县地方志编纂委员会．饶阳县志［M］．北京：方志出版社，1998：573.

④ 河北省武强县地方志编纂委员会．武强县志［M］．北京：方志出版社，1996：566.

九年（1903 年），设修身、格致（科学常识）、国语、算学、图画、历史、地理、外语等课程。宣统二年（1910 年），高等小学堂除上述课程外，增设自然、音乐、体育。[①]

总的来说，明清时期的蒙学课程初期以识字和道德教育为主，且开始出现分科课程，如冀县在高等小学堂中开设必修科与随意科，课程类型也更加丰富，满足学生对知识的需要。

2. 民国时期的蒙学课程

《阜城县志》中对这一时期的教育有如下记载。民国初年，初小课程设修身、国文、算术、图画、体操、唱歌、手工七科。高小除以上课程外，加设历史、地理、理工等。民国十一年（1922 年），修身改为公民。民国十二年（1923 年），国文改为国语。民国十七年（1928 年），增设三民主义。民国十八年（1929 年），初小设国语、算术、常识、唱歌、体育、图画等课程。高小开设党义、国语、公民、算学、自然、历史、地理、体育、图画、音乐等课程。[②]

《冀县志》中也有对这一时期教育内容的相关记载。民国五年（1916 年）创办女子小学，初小开设缝纫。民国九年（1920 年），小学将国文改为国语。民国十二年（1923 年），初级小学开设的课程有公民、国语、算术、手工、美术、音乐、体育、卫生、自然，高级小学增设历史、地理。民国十八年（1929 年），取消公民、手工、历史、地理，开设党义、社会、工作。至民国二十一年

---

① 河北省武强县地方志编纂委员会 . 武强县志［M］. 北京：方志出版社，1996：570.

② 阜城县地方志编纂委员会 . 阜城县志［M］. 北京：中国文联出版社，1998：684.

（1932年），取消党义、工作，改称公民训练、劳作。①

《武强县志》记载，民国元年（1912年），小学增设手工课，部分私塾仍开设"三百千千"（《三字经》《百家姓》《千字文》《千家诗》）及"四书五经"之类的课程。②

民国时期，小学分初等小学校和高等小学校，课程内容也更加丰富，在原有的通识类课程基础上增加了专科课程，如历史、地理等，课程体系更趋于完善系统。

3. 抗日战争时期—解放战争时期的课程

抗日战争前，冀县不少学校还以《百家姓》《三字经》《千家诗》等作为启蒙教材，以毛笔字、珠算作为主要内容，以《尺牍》《论说精华》等课程作为学生必修科。抗日战争期间，日伪政权强制推行由日伪华北政务委员会教育总署编印的《新民课本》为教材，但不少学校仍以旧有的民国课本、抗日军民新编的抗日课本为教材进行教学。抗日战争胜利后，小学采用冀南、冀中编辑的课本，科目有国语、算术、音乐、美术、体育、自然、历史、地理等。③

《武强县志》中也记载，民国二十七年（1938年）后，抗日小学教学计划和课程设置均为抗战服务，宣传爱国、抗战。这期间没有正式课本，多是本县自编油印的小册子。民国三十四年（1945年），开始用晋察冀边区行政委员会教育处审定的教材。除

---

① 河北省冀县地方志编纂委员会. 冀县志［M］. 北京：中国科学技术出版社，1993：602.

② 河北省武强县地方志编纂委员会. 武强县志［M］. 北京：方志出版社，1996：570.

③ 河北省冀县地方志编纂委员会. 冀县志［M］. 北京：中国科学技术出版社，1993：602 - 603.

国语外，还设置算术、常识、音乐等。算术课本的内容有公粮、公柴、公草、"合理负担""统一累进税"的计算，减租减息的利息算法等。常识内容有防空、防毒、"简单包扎法""黑豆汤染布法"等。音乐课教唱《义勇军进行曲》《救亡进行曲》《游击队之歌》《生产小唱》等。解放战争时期，课程设有国语、算术、常识、自然、音乐、体育。教材中都不同程度地增加了解放战争的内容，如国语课文中有："河里的水哗啦啦，解放军打仗过我家，烧豆汤，送给他，同志同志喝点吧。"①

从抗日战争时期到解放战争时期，这一时期由于时局动荡，不同统治区的学校所教授的课程内容也有所不同，如在敌占区的学校就会对学生进行奴化教育，抗日小学的课程则更多为抗战服务，宣传爱国思想。

（三）沧州市

1. 明清时期的蒙学课程

《沧县志》记载，明清时期，城内有儒学、书院，乡村有社学、私塾。私塾分蒙学和经馆。蒙学开始主要让学生读《三字经》《百家姓》等，学习认字，只背不讲，然后再读《论语》《大学》《中庸》《孟子》；经馆内学习者多是富家子弟，主要学习八股文。②

沧州境内的私塾教材不统一，且不固定。《沧州市志》中提及：启蒙教材通常是《三字经》《百家姓》《弟子规》《千字文》《四言杂字》《简明尺牍》等，程度较高者逐步学习"四书五经"、

① 河北省武强县地方志编纂委员会. 武强县志［M］. 北京：方志出版社，1996：570.

② 沧县地方志编纂委员会. 沧县志［M］. 北京：中国和平出版社，1995：436.

唐诗、宋词、《史记》《战国策》《古文观止》《纲鉴总论》。①

泊头市境内未设立学官以前，其教育场所均为私塾。联户子弟及村内儿童等入塾学习，所授启蒙课程教材主要为《三字经》《百家姓》《千字文》《名贤集》。中级课程教材为《论语》《孟子》《大学》《中庸》。高级课程教材为《诗经》《书经》《左传》《东莱博议》。②

《沧州市志》中也记载：清末，中学堂招收高等小学堂毕业生，课程设有修身、经学、中国文学、外语、历史、地理、算术、物理、化学、法制、理财、图画、体操。③

《吴桥县志》的有关记载为：清末，部分学校除学"四书五经"外，还增学《百家姓》《三字经》《弟子规》《名贤集》《四言杂字》、珠算、记账、契约等。④

明清时期的主要教学场所为私塾，私塾中按照学生的年龄大小以及对课程内容的接受程度，分为蒙学和经馆，蒙学以识字教育为主，经学则学习更为精深内容。

2. 民国时期的蒙学课程

《东光县志》中记载：1912 年，初等小学校设修身、国文、算学、手工、图画、唱歌、体操等课程；高等小学校设修身、国文、算学、历史、地理、理科、手工、图画、唱歌、体操等课程。

---

① 沧州市志编纂委员会. 沧州市志 [M]. 北京：方志出版社，2006：2303.
② 河北省泊头市地方志编纂委员会. 泊头市志 [M]. 北京：中国对外翻译出版公司，2000：534.
③ 沧州市志编纂委员会. 沧州市志 [M]. 北京：方志出版社，2006：2315.
④ 吴桥县地方史志编纂委员会. 吴桥县志 [M]. 北京：中国社会出版社，1992：394.

1927 年后，高级小学增设英语、卫生、三民主义、珠算等课程。①

　　民国时期，幼儿教育开始发展。《青县志》记载：民国二十六年（1937 年），青县建立了第一所幼儿园，该幼儿园附设在东关完小，称为幼稚园。该园根据教育部颁发的《幼稚园课程标准》开设了工作、唱游、常识、故事、说话和游戏课。②

　　《吴桥县志》中记载：民国时期，初小设国文、算术、修身等，兼学儒家经典；民国十八年（1929 年）后，设国语、算术、常识、三民主义等课程。高小设历史、地理、自然、英语、公民（政治）、卫生、音乐、美术、体育（包括武术、军训）课程。许多农村小学仍学《百家姓》《千字文》、农村应用文（《尺牍》、帖条）等。③

　　《沧州市志》中也记载：民国元年（1912 年），按照教育部颁布的《普通教育暂行办法》，凡年满七岁儿童都可入初等小学。初小设修身、国文（语文）、算术、手工、图画、唱游（音乐、体育）、劳作等课程；高小设修身、国文、算术、历史、地理、自然、手工、图画、唱歌、体操、农业、英语等课程。民国十一年（1922 年），规定初级小学四年，高级小学两年（即四二学制）。废止文言文教材，采用中华民国大学院审定的统一教材。科目为：三民主义、公民、国语、算术、历史、地理、自然、唱歌、珠算、手工等。④

---

　　① 东光县地方志编纂委员会. 东光县志 [M]. 北京：方志出版社，1999：466.
　　② 青县地方志编纂委员会. 青县志 [M]. 北京：方志出版社，1999：582.
　　③ 吴桥县地方史志编纂委员会. 吴桥县志 [M]. 北京：中国社会出版社，1992：394.
　　④ 沧州市志编纂委员会. 沧州市志 [M]. 北京：方志出版社，2006：2307.

民国时期的课程相较于明清时期更为系统与完善，民国政府更加重视教育，颁布了《普通教育暂行办法》，对儿童的入学年龄以及课程的实施都做了规定。

3. 抗日战争时期—解放战争时期的课程

《东光县志》记载，抗战期间各抗日高小开设国语、算术、历史、地理、音乐、体育等课程。教材均由教师编选。①

《沧县志》也记载，民国二十六年（1937 年）九月，日本侵略军占据沧城后，绝大多数学校停办，有的学校驻扎日军。日本侵略者为推行奴化教育，在县城及大乡镇陆续设小学，强制儿童入学，但入学者极少。与此同时，县境内抗日民主政府积极发展教育事业，建立了许多抗日小学，实行战争、生产、学习三结合的教学方针。教学灵活多样，学校分整日班、半日班、早晚班、午间班，采用复式教学，沿用四二学制。初小四年，课程有国语、算术、音乐、体育。高小二年，课程增设历史、地理、自然、政治。学校对学生传授知识，进行爱国抗日教育。另外，组织儿童参加各种社会活动，如站岗放哨、传送信件、拥军优属、宣传抗日等。②

《沧州市志》对于这一时期的课程内容也做了相关描述。抗日战争时期，各抗日高小开设的课程最初使用抗战前的课本，以后又增设政治课，教材由边区民主政府油印，涉及抗日内容的课文占二分之一以上。抗日民主政府密切联系实际，结合本地生活、革命英雄人物模范事迹对小学生进行抗日爱国教育。在日伪统治的沦陷区，则使用由伪教育总署编写的以奴化教育为主要内容的

---

① 东光县地方志编纂委员会. 东光县志 [M]. 北京：方志出版社，1999：466.
② 沧县地方志编纂委员会. 沧县志 [M]. 北京：中国和平出版社，1995：437.

《新民课本》。解放战争时期，开始使用山东省教育厅统编教材或晋察冀边区教材，教材中取消了修身课，开设政治、常识、语文、算术等课程。①

这一时期的课程内容与实际密切相关，虽然时局动荡，但境内抗日民主政府仍高度重视教育，设立了许多抗日小学，教学灵活，主要为抗战服务。

（四）石家庄市

1. 明清时期的蒙学课程

《石家庄地区志》记载，清时，各区县仍然是私塾、义学、社学等占主导地位。其中，社学可追溯到元代各地社学，其学习教材主要有《孝经》《大学》《论语》《孟子》等，明初逐渐遍及城乡，教育内容增设本朝律令，以及冠、婚、丧、祭等礼节知识。1903 年，清廷公布癸卯学制，规定：初等小学堂招收七岁儿童入学，分完全科和简易科，均为五年修业。教学分读、写、算、读经讲经几部分，其中读经讲经每周占十二课时。②

《石家庄市志》也记载：清末井、获、正、栾四县的初等小学堂设修身、读经讲经、中国文字、算术、历史、地理、格致、体操八门课；高等小学堂除上述八门课外，还设有图画课。③

《藁城县志》记载，童蒙教育的基本目标和主要内容，是对儿童进行初步的伦理道德和基本文化知识教学，教材有《三字经》

---

① 沧州市志编纂委员会. 沧州市志［M］. 北京：方志出版社，2006：2308.

② 石家庄地区地方志编纂委员会. 石家庄地区志［M］. 北京：文化艺术出版社，1994：927.

③ 石家庄市地方志编纂委员会. 石家庄市志：第五卷［M］. 北京：中国社会出版社，1999：13.

《百家姓》《千字文》《名贤集》《弟子规》《神童诗》《童训》及《改良女儿经》等。①

《辛集市志》中也有相关内容的记载。清光绪二十九年（1903年），《奏定学堂章程》规定初等小学堂开设修身、读经讲经、国文、算术、历史、地理、格致、体操八科必修科，图画、手工二科为随意科。每周授课三十小时。高等小学堂开设修身、读经讲经、国文、算术、历史、地理、格致、体操八科必修科，农业、商业为随意科，每周授课三十六小时。女子小学堂开设修身、国文、算术、女红、体操、图画六科必修科，音乐为随意科，每周授课二十四小时。私塾仍以《百家姓》《三字经》《千字文》《论语》等为教材，另加珠算、记账及书信、文契等农村应用文知识。②

《新乐教育志》这样描述：光绪三十四年（1908年），废科举，兴学堂。初等小学堂开设修身、读经讲经、中国文字、算术、历史、地理、格致、体操八门课。高等小学堂开设修身、读经讲经、中国文学、算术、历史、地理、格致、图画、体操九门课程。有的初等小学堂、私塾，仍以《百家姓》《三字经》《千字文》《论语》《孟子》等为学习内容。③

《行唐县志》也记载：清光绪二十九年（1903年），初等小学堂开设修身、读经讲经、作文、习字、史学、舆地、算学、体操

---

① 藁城市地方志编纂委员会. 藁城县志［M］. 北京：中国大百科全书出版社，1994：394.

② 辛集市地方志编纂委员会. 辛集市志［M］. 北京：中国书籍出版社，1996：684－685.

③ 新乐教育志编纂委员会. 新乐教育志［M］. 石家庄：河北教育出版社，1999：100.

八门课程，高等小学堂开设修身、读经讲经、国文、算学、史学、舆地、理科、体操八门课程。光绪三十年（1904年），初等小学堂开设修身、读经讲经、国文、算术、历史、地理、格致、体操八门课程；高等小学堂开设修身、读经讲经、国文、算术、历史、地理、格致、图画、体操九门课程。私塾仍以《百家姓》《三字经》《千字文》《论语》等为教材，另加授珠算、记账、书信、文契等知识。①

元氏县于光绪三十年（1904年）始建学堂，实行癸卯学制。小学堂学制为九年，初等五年，高等四年。初等小学堂开设修身、读经讲经、中国文字、算术、历史、地理、格致、体操八门课程。官立第一高等小学堂开设修身、读经讲经、中国文学、算术、中国历史、地理、格致、体操、国画九门课程。② 清末民初元氏县小学堂创建情况见表2-2。

表2-2　清末民初元氏县小学堂创建情况

学校名称	创建时间（朝代年月）	学校名称	创建时间（朝代年月）
赵村初等小学堂	清光绪三十年一月	城郎初等小学堂	清光绪三十一年一月
褚固初等小学堂	清光绪三十年一月	胡泉初等小学堂	清光绪三十一年一月
庄窠里初等小学堂	清光绪三十年二月	北程初等小学堂	清光绪三十一年一月
仙翁寨初等小学堂	清光绪三十年二月	南街初等小学堂	清光绪三十一年一月
县立第一高等小学堂	清光绪三十年三月	齐港初等小学堂	清光绪三十一年一月
北岩初等小学堂	清光绪三十一年一月	王村初等小学堂	清光绪三十一年一月
南因初等小学堂	清光绪三十一年一月	南北马初等小学堂	清光绪三十一年一月

① 行唐县地方志编纂委员会. 行唐县志 [M]. 北京：中国对外翻译出版公司，1998：561.

② 元氏县教育局. 元氏县教育志 [M]. 保定：河北大学出版社，2011：69.

学校名称	创建时间（朝代年月）	学校名称	创建时间（朝代年月）
马村初等小学堂	清光绪三十一年一月	闫堡初等小学堂	清宣统二年一月
牛家楼初等小学堂	清光绪三十一年一月	民权初等小学堂	清宣统二年二月
齐家楼初等小学堂	清光绪三十一年一月	寺庄初等小学堂	清宣统二年十月
使庄东牌初等小学堂	清光绪三十二年一月	东正初等小学堂	清宣统三年一月
张北马初等小学堂	清光绪三十二年一月	东张初等小学堂	清宣统三年一月
董堡初等小学堂	清光绪三十二年一月	宋曹初等小学堂	清宣统三年二月
里余初等小学堂	清光绪三十二年三月	北苏村初等小学堂	清宣统三年二月
大陈庄初等小学堂	清光绪三十二年四月	东城角初等小学堂	清宣统三年二月
四杜村初等小学堂	清光绪三十三年一月	墨水河初等小学堂	清宣统三年六月
了村初等小学堂	清光绪三十三年一月	胡家庄初等小学校	民国元年一月
南关初等小学堂	清光绪三十三年二月	侯村初等小学校	民国元年一月
西阳村初等小学堂	清光绪三十三年六月	东原庄初等小学校	民国元年一月
仙翁寨后牌小学堂	清光绪三十三年六月	西同下初等小学校	民国元年二月
杜庄初等小学堂	清光绪三十四年一月	北白娄初等小学校	民国元年二月
苏庄初等小学堂	清光绪三十四年一月	陈郭庄初等小学校	民国元年二月
马令初等小学堂	清光绪三十四年一月	尖中初等小学校	民国元年十二月
南吴会初等小学堂	清光绪三十四年二月	姬村初等小学校	民国二年一月
北褚初等小学堂	清光绪三十四年二月	前后赵庄小学校	民国二年一月
东同下初等小学堂	清光绪三十四年三月	吴村初等小学校	民国二年二月
西张初等小学堂	清宣统元年二月	孟村初等小学校	民国二年二月
乔王庄初等小学堂	清宣统元年二月	叩村初等小学校	民国二年五月
长村初等小学堂	清宣统元年二月	南北沙滩小学校	民国三年一月
南苏初等小学堂	清宣统元年二月	赵堡初等小学校	民国三年一月
墨池初等小学堂	清宣统元年二月	建安初等小学校	民国三年三月

清末时期，初等小学堂开设课程有修身、中国文字、读经讲

经、算术、历史、地理、格致、体操；高等小学堂开设课程有修身、读经讲经、中国文学、算术、中国历史、地理、格致、图画、体操。[①]

2. 民国时期的蒙学课程

《石家庄市志》对民国时期的课程内容有更为详细的记载。民国元年（1912 年），中华民国临时政府颁布《小学校令》，规定初小设修身、国文、算术、手工、图画、唱歌、体操七科；高小设修身、国文、算术、中国历史、地理、理科、手工、图画、唱歌、体操十科（男校增设实业科，女校增设家事科。有少数高小还设有英文科）。[②] 民国十一年（1922 年），国民政府公布壬戌学制（亦称新学制），次年，全国教育联合会成立的"新学制课程起草委员会"制订公布《中小学课程纲要》，小学设国语、算术、卫生、公民、历史、地理（后四科在初小合称社会）、唱歌、体操、手工、图画十科，有的高小在最后一年，还增设珠算、几何和英语科。民国二十五年（1936 年），国民政府教育部公布《修正小学课程标准》，初小设公民训练、国语、算术、常识、劳作、美术、体育、音乐（低年级把劳作、美术合为美工，把体育、音乐合为唱游）。高小在初小科目的基础上，将常识分为历史、地理、自然，把党义改为公民。[③]

民国时期的幼儿园教育也有所发展。《藁城县志》提到，藁城幼儿教育始于民国二十一年（1932 年）。时女子乡村师范学校附设

---

① 河北省赵县地方志编纂委员会. 赵县志 [M]. 北京：中国城市出版社，1993：399.

②③ 石家庄市地方志编纂委员会. 石家庄市志：第五卷 [M]. 北京：中国社会出版社，1999：13.

幼稚园一所，招收四至六岁幼儿约二十名，有教养员一人，设置识字、手工剪纸、图画、音乐、游戏等课程。每天上午、下午各学习两小时。幼儿不住宿。抗日战争爆发后停办。①

《晋县志》对当时的小学教育做了如下描述。初等小学堂课程有修身、中国文字、算术、历史、地理、格致、体操、手工、图画，第三年始加读经讲经；高等小学堂加设农业、商业。民国二年（1913 年），初等小学校（义务教育）设修身、国文、算术（第三年起兼学珠算）、手工、图画、唱歌、体育（以田径、球类、游戏为主）等课程，女子加设缝纫；高等小学校除设初小课程外，加设英语或其他外国语，男子加设农业科。民国四年，晋县各小学恢复尊孔活动和读经科，初小读《孟子》，高小读《论语》。民国八年（1919 年），各小学取消读经、祀孔活动，并将文言文改为白话文，推行注音字母。民国十二年（1923 年）实行壬戌学制，修身科改为公民科，初级小学校设国语、算术、音乐、美术、卫生、公民、地理、体育课程；高级小学校加设园艺、工用艺术、形象艺术。民国十八年（1929 年）设党义科，建训导制度。②

《深泽县志》记载，民国初的小学、私塾课程，主要以旧教育的教材为基础，如《三字经》《百家姓》、"四书五经"等，兼学珠算、帖条等应用知识。高小课程有国语、算术、修身、珠算、历史、地理、图画、手工、音乐、体育、三民主义浅说。国语为

---

① 藁城市地方志编纂委员会. 藁城县志［M］. 北京：中国大百科全书出版社，1994：395.

② 河北省晋州市地方志编纂委员会. 晋县志［M］. 北京：新华出版社，1995：619.

文言文，后北洋军阀政府下令改为白话文。①

《辛集市志》也记载，民国三年（1914 年）教育部规定，初等小学校开设修身、国文、算术、手工、图画、唱歌、体操七科，每周授课男校二十八小时，女校二十九小时。高等小学校开设修身、国文、算术、历史、地理、理科、手工、图画、唱歌、体操、英语、农业（或商业）十二科，每周授课男校三十节，女校三十二节，每节课规定四十五或五十分钟。民国二十年（1931 年）改国文为国语。②

《新乐教育志》中记载，中华民国成立后，改学堂为学校。初等小学校开设有修身、国语、算术、手工、图画、唱歌、体操，女子加学缝纫；高小开设修身、国语、算术、历史、地理、手工、图画、唱歌、体操，女子加学缝纫，男子加学农业。③

《行唐县志》中对于民国时期行唐县的教育情况也做了详细的记载。中华民国成立后，政府颁布《普通教育暂行办法》，小学禁用清廷颁行的教科书，禁设读经讲经科，开设国文、算术、历史、地理、常识、体操、手工、唱歌、图画九科。民国四年（1915年），袁世凯为复辟帝制，又令各小学增加读经科。次年袁死，读经科又被取消。民国十一年（1922 年），全县使用新学制课本，初小设国语、算术、社会（公民、历史、地理等）、自然、工用艺术、形象艺术、体育、音乐八科。民国十七年（1928 年），初小设党义、国语、算术、社会、自然、体育、音乐、美术诸科，高小

---

① 深泽县地方志编纂委员会. 深泽县志 [M]. 北京：方志出版社，1997：451.
② 辛集市地方志编纂委员会. 辛集市志 [M]. 北京：中国书籍出版社，1996：685.
③ 新乐教育志编纂委员会. 新乐教育志 [M]. 石家庄：河北教育出版社，1999：100.

设科与初小基本相同，只是增加内容深度。①

据《元氏县教育志》记载，民国元年（1912 年），改学堂为学校，按照国民政府教育部命令，废除癸卯学制，实行壬子学制，小学学制为七年，初小四年，高小三年。初小设国文、算术、修身、手工、国画、体操、唱歌七门课程。高小设国文、算术、修身、手工、历史、地理、国画、理科、体操、唱歌十门课程。民国十二年（1923 年），又改壬子学制为壬戌学制，修业年限改为六年，初小四年，高小二年。初小设国语、算术、公民、自然、工用艺术、形象艺术、体育、音乐八门课程。高小设国语、算术、公民、自然、卫生、工用艺术、形象艺术、园艺、体育、音乐十门课程。不久，初小又改设国语、算术、常识、劳作、音乐、体育、美术七门课程。高小改设国语、算术、公民、历史、地理、自然、劳作、音乐、体育、美术十门课程。② 表 2 - 3 为 1932 年元氏小学每周教学时间。

表 2 - 3　1932 年元氏小学每周教学时间③　　　　单位：分钟

年级	科目											
	公民训练	国语	算术	劳作	美术	音乐	体育	常识	公民	历史	地理	自然	合计
一年级	60	420	60	90	60	60	120	150					1020
二年级	60	420	150	90	60	60	120	150					1110

　　① 行唐县地方志编纂委员会. 行唐县志 [M]. 北京：中国对外翻译出版公司，1998：561.
　　② 元氏县教育局. 元氏县教育志 [M]. 保定：河北大学出版社，2011：69.
　　③ 元氏县教育局. 元氏县教育志 [M]. 保定：河北大学出版社，2011：71.

续表

年级	科目											
	公民训练	国语	算术	劳作	美术	音乐	体育	常识	公民	历史	地理	自然	合计
三年级	60	420	180	90	60	90	180	150					1230
四年级	60	420	210	90	60	90	180	150					1260
五年级	60	420	180	90	60	60	180		30	90	60	150	1380
六年级	60	420	180	90	60	60	180		30	90	60	150	1380

《赵县志》中记载：民国时期，初等小学校开设课程有修身、国文、算术、手工、图画、唱歌、体操，女子加缝纫；高等小学校开设课程有修身、国文、算术、历史、地理、手工、图画、唱歌、体操，男子加农业，女子加缝纫。①

《石家庄市志》中记载：民国初年，四区各年级都没有设置体育课或体操课，以强健学生体魄。直到1936年按《修正小学课程标准》的规定，小学才开始开设课外运动。1912年，中华民国临时政府颁布《小学校令》，规定初小设修身、国文、算术、手工、图画、唱歌、体操七科；高小设修身、国文、算术、中国历史、地理、理科、手工、图画、唱歌、体操十科；其中，男校增设实业科，女校增设家事科，有少数高小还设有英文科。② 石家庄地区也按照国民政府的要求设置了相应课程，一直维持到1922年壬戌学制（亦称新学制）颁布才有所改变。1923年，随着《中小学课

---

① 河北省赵县地方志编纂委员会. 赵县志［M］. 北京：中国城市出版社，1993：399.

② 石家庄市地方志编纂委员会. 石家庄市志：第五卷［M］. 北京：中国社会出版社，1999：13.

程纲要》的公布，小学课程去掉了修身，增加了卫生、公民、历史三科，共十科。有的高小最后一年在原有课程基础上增设了珠算、几何和英语三门课程。这种课程模式维持到1936年国民政府教育部公布《修正小学课程标准》后才作出改进。[①]

受五四运动和新文化运动的影响，民国时期的小学教育内容逐渐取消读经讲经的活动，主张讲白话文，课程类型更多样化。

3. 抗日战争时期—解放战争时期的课程

《石家庄市志》记载，抗日战争时期，日伪统治区的小学增设修身，三年级以上设日语。在根据地和游击区的小学，除设文化知识课外，还教学生站岗放哨，写应用文，排练文艺节目，进行抗日宣传等，因地制宜，并无固定课程。[②]

《冀县志》也有许多相关记载。民国二十八年（1939年），抗日小学课程除语文、算术外，设政治、音体课，大唱救亡歌曲。民国三十一年（1942年），敌占区内扶轮小学、周家庄高小和少数大据点内的学校向学生灌输"大东亚共荣""中日亲善"等奴化思想；抗日学校在中共领导下，备有抗日课本和日伪课本，日伪机关检查时用日伪课本应付，以"两面化"教学在敌占区取得合法地位。民国三十四年（1945年），晋县解放，小学恢复。这一时期课本不统一，完小上课时大部分时间抄笔记。民国三十七年（1948年）规定统一课本，小学开设语文、算术、音乐、体育等课；高小增设历史、地理、自然、政治课程。[③]

---

①② 石家庄市地方志编纂委员会. 石家庄市志：第五卷［M］. 北京：中国社会出版社，1999：13.

③ 河北省晋州市地方志编纂委员会. 晋县志［M］. 北京：新华出版社，1995：619.

《深泽县志》也记载，在抗日战争时期，初小设语文、算术、唱歌、体育（强调注重军事操练）课程。高小增设历史、地理、自然及时事政治、爱国教育（为应付日伪军骚扰，需有日伪课本做掩护）课程。①

《辛集市志》记载，抗日战争时期，冀中抗日根据地的农村小学无统编教材，由教师自编、自选教材，既教学生识字又宣传抗日救国和争取民族解放的道理，及时讲解中国共产党的各项抗日政策和中心工作。1940年后，才采用晋察冀边区编印的小学课本，初级小学有国语、常识、算术等课程；高级小学有国语、算术、历史、地理、自然等课程。由于印刷困难，有些课本是经教师刻蜡纸后油印的。1948年，小学一律采用华北政府教育部编印的课本。初小一、二年级设国语、算术、美术、唱歌等课程，初小三、四年级开设国语、常识、算术、美术、唱歌等课程。高级小学开设国语、算术、政治、地理、历史、自然、美术、音乐等课程。②

《新乐教育志》中记载，抗日战争时期，日伪统治区推行奴化教育，宣扬"中日亲善""共荣共存"，在城镇高级小学中强行增设日语课程。抗日根据地和游击区，实行晋察冀边区政府公布的教学计划。初小设国语、算术、常识、唱游、劳作等课程；高小设国语、算术、社会、自然、卫生、唱歌、体育、美术、劳作等课程。③

---

① 深泽县地方志编纂委员会. 深泽县志 [M]. 北京：方志出版社，1997：451.

② 辛集市地方志编纂委员会. 辛集市志 [M]. 北京：中国书籍出版社，1996：685.

③ 新乐教育志编纂委员会. 新乐教育志 [M]. 石家庄：河北教育出版社，1999：100.

《行唐县志》中记载，日军入侵行唐后，课程设置混乱，敌占区强行开设日语课，增加奴化教育内容。抗日根据地学习共产党编写的油印抗日课本，课程多以识字、算术为主，音乐课教唱《义勇军进行曲》《救亡进行曲》《游击队之歌》等抗日歌曲及自编的抗日小调。民国二十九年（1940年），采用晋察冀边区编写的课本，初小课程有国语、算术、常识，高小增设历史、地理、自然等课。①

《元氏县教育志》中记载，民国二十六年（1937年），日本侵略军侵入元氏后，东部平原敌占区小学仍沿用过去的四二学制，课程设置也基本没有变化。但日本侵略军强制小学增加日语课和奴化教育内容，遭到广大师生的强烈反对，造成教育战线一片混乱。农村小学教学计划各行其是，有的只开设国文、算术，有的以识字为主自编教材。西部山区抗日根据地，农村小学一般开设国文、算术、唱歌、体育、常识等课程，也有的加设时事教育、农业知识和珠算课程。民主政府在条件十分艰苦的情况下，千方百计组织人员编写教材。②

抗日战争时期，幼儿园教育处于停滞状态，小学教育课程主要分为两部分：日伪统治区的小学增设修身，三年级以上设日语；在根据地和游击区的小学，主要教文化知识。除此之外，为了适应当时抗战的社会大环境，还教授学生站岗放哨，写应用文，排练文艺节目，进行抗日宣传等，教学内容因地制宜，无固定设置的课程，教师可自行设置。

---

① 行唐县地方志编纂委员会. 行唐县志［M］. 北京：中国对外翻译出版公司，1998：561.

② 元氏县教育局. 元氏县教育志［M］. 保定：河北大学出版社，2011：69.

抗日战争胜利后，小学设立儿童部和民教部两部分，儿童部的课程仍依《修正小学课程标准》的规定，民教部主要设国语、算术、唱歌等科。

这一时期并无系统的、成体系的课程内容，学校教学多为抗战服务，且无统一的教材。各地更是出现了许多"两面小学"，即日伪来了学一套课程，日伪走后就学习另一套课程内容。

（五）保定市

1. 明清时期的蒙学课程

《保定市志》中对于明清时期的教育内容也做了如下记载。清末时期，保定市幼儿教育主要为"保育教导"，内容有游戏（分"随意游戏"与"同人游戏"两种）、歌谣（为五岁幼儿所设，包括古人歌谣及五言绝句）、手工几个方面。谈话是保姆与幼儿之间的对话，教导他们演绎天然及人工事物。民国时期，幼儿园的课程内容有所发展和改进。课程内容除游戏、手工、歌谣之外，开始加强对幼儿体育活动的指导和智慧、才能的启迪。[①]

《定州市志》也记载，定州自清末建立小学堂之后，初等小学堂课程遵制设有修身、读经讲经、中国文字、算术、历史、地理、格致、体操、手工、图画等科。条件差的学校，其课程稍有差异，修身、读经讲经合为一科，历史、地理、格致合为一科。高等小学堂遵制设有修身、读经讲经、中国文学、算术、中国历史、地理、格致、图画、体操等科。[②]

---

① 保定市地方志编纂委员会. 保定市志：第四册 [M]. 北京：方志出版社，1999：17.

② 定州市地方志编纂委员会. 定州市志 [M]. 北京：中国城市出版社，1998：879.

据《高阳县志》记载，清末前，学生读书从《三字经》《千字文》《百家姓》开始，进而学习《论语》《孟子》《诗经》等。清末兴办新学后，课程设置有所改进。光绪三十二年（1906年），县高等小学堂开设修身、经学、国文、算术、历史、地理、格致、图画、体操等课程；初等小学堂开设修身、国文、算术、图画、体操等课程。规定每周授课三十六小时。女子学校分甲乙班，甲班开设修身、家政、国文、历史、算术、博物、理科、习字；乙班除无家政、博物、理科外，余与甲班同。光绪三十三年（1907年），县设甲种商校开设修身、经学、历史、地理、国文、格致、商学、图画、体操。开办于光绪三十一年（1905年）的县初等农业学堂分甲乙两班，甲班开设修身、经学、历史、地理、国文、算术、理科、土壤、作物、植物、蚕桑、生理、习字、图画、体操；乙班缺修身、土壤，余与甲班同。[①]

据《曲阳县志》记载，清末初等小学堂有修身、中国文字、算术、历史、地理、格致（声光电化等自然科学）、体操、手工、国画，到第三学年加读经讲经。高等小学堂除初等小学堂所学课程外，另加农业、商业等。读经讲经科时间不少于全部课程的五分之二。民国初年，废除读经讲经科，初等小学堂三年级始设珠算，女生加缝纫科。高等小学堂开设外语，男生加学农业。[②]

《顺平县志》记载：清光绪二十九年（1903年），《奏定学堂章程》规定初小和高小必修科均有修身、读书讲经、国文、算术、历史、地理、格致、体操，初小以图画、手工为随意科，高小以

---

① 高阳县地方志编纂委员会. 高阳县志［M］. 北京：方志出版社，1999：792.
② 曲阳县志编纂委员会. 曲阳县志［M］. 北京：新华出版社，1998：423.

农业、商业为随意科。女子小学堂以修身、国文、算术、女红、体操、图画六科为必修科，音乐为随意科。[①]

《唐县志》记载，清代，私塾分蒙馆、经馆。蒙馆开设《百家姓》《三字经》《千字文》、珠算等。经馆设"四书五经"及诸子百家格言等。光绪三十二年（1906 年）后，初等小学堂开设修身、中国文字、算术、史地、体操、手工、图画等。高等小学堂增设农业、商业两种。[②]

整体来看，清末初等和高等小学堂始设近代科学知识，但仍用一定时间学习经文，也注重对年龄小的学生进行启蒙教学。

2. 民国时期的蒙学课程

《保定市志》对小学教育有详细记载。1912 年，各小学依据中华民国教育部公布的《小学校令》，除删掉了读经讲经科外，主要课程变化不大。初等小学校设修身、国文、算术、手工、图画、体操，女子可加修缝纫。高等小学校设修身、国文、算术、中国历史、地理、理科、手工、图画、唱歌、体操，男子可加农业，女子可加缝纫。此外，视地方情形，可以不设农业，改为商业，并可开设英语（或别种外国语）。1915 年 7 月，袁世凯执政时，力主复旧，颁布了一系列小学校令，规定"中小学均加读经一科"。初等小学校加读《孟子》，高等小学校加读《论语》。复辟帝制失败后，1916 年 10 月，教育部又修正《小学校令》，删掉了读经科。1923 年 6 月，全国教育联合会新学制课程标准起草委员会确定并公布《中小学课程标准纲要》，提出小学设国语、算术、卫生、公

---

① 河北省顺平县地方志编纂委员会. 顺平县志［M］. 北京：中华书局，1999：843.

② 河北省唐县地方志编纂委员会. 唐县志［M］. 石家庄：河北人民出版社，1999：679.

民、历史、地理、自然园艺、工用艺术、形象艺术、体育、音乐。乡村小学课程有不能单设的，可以合并，但国语和算术的授课分钟数不能再减。后教育部又将高级小学的公民、卫生、历史、地理合并为社会科，将初级小学的社会科改为常识，低年级的音乐、体育合并为唱游，工用艺术改为手工或劳动，形象艺术改为图画或美术。1928 年后，还增设了三民主义科。1936 年 2 月，执行教育部修正并公布的《小学科目及每周教学时间总表》，小学设公民训练、国语、社会常识、自然常识、算术、劳作、美术、体育、音乐。此后，小学开设了童子军科（或称童体课），三、四年级每周加珠算一节。①

《定州市志》记载：民国成立后，初等小学校（后称国民学校）开设修身、国文、算术、手工、图画、唱歌、体操（游戏）等；女子加设缝纫。高等小学校开设修身、国文、算术、本国历史、地理、理科、手工、图画、唱歌、体操、农业（有的学校改设商业，从第二学年设）、英语（从第三学年设）。民国九年（1920 年），定县根据教育部令，把小学国文改为国语，其他各科改用语体文。民国二十一年（1932 年），国民政府颁布中小学课程标准。据此，定县各小学开设公民训练、卫生、体育、国语、社会、自然、劳作、音乐和美术。②

据《高碑店市志》记载，民国初年，中华民国教育部颁布的《普通教育暂行办法》要求：各种教科书务必合于"共和民国宗旨"，清学部颁行的教科书一律禁用；小学读经科一律废止；旧时

---

① 保定市地方志编纂委员会. 保定市志：第四册 [M]. 北京：方志出版社，1999：27.

② 定州市地方志编纂委员会. 定州市志 [M]. 北京：中国城市出版社，1998：879.

学堂一律改称学校；监督、堂长一律改称校长。民国二年（1913年），教育部制定的壬子癸丑学制规定：初等小学校四年、高等小学校三年。在同年九月份公布的《小学校令》中规定，初等小学校的课程有修身、国文、算术、手工、图画、唱歌、体操，女子加缝纫。高等小学校的课程有修身、国文、算术、本国历史、地理、手工、图画、唱歌、体操，男子加农业，女子加缝纫。三年级加英语，设为随意科。民国四年（1915年）初，袁世凯政府制定《特定教育纲要》，将初等小学改称为国民学校，规定"中小学均加读经一科"。初等小学校学《孟子》，高等小学校学《论语》。民国十一年（1922年），教育部颁布壬戌学制，进一步缩短了初等教育的修学年限，规定初级小学四年（儿童从六岁入学），高级小学两年，取消"国民""高等"名目，称"初级""高级"。民国十八年（1929年），教育部颁布的《小学课程暂行标准》规定，初级小学和高级小学的科目有党义、国语、社会、自然、算术、工作、美术、体育、音乐等。新城县的小学教材一律用上海国民图书出版社出版的语体文课本。课堂训练、成绩考核都相当严格。民国二十一年（1932年）以后，国民政府推行义务教育时，新城县小学采用国立编译馆及中华书局编的课本。[①]

《高阳县志》记载，民国时，县设初等小学校开设修身、国文、算术、图画、唱歌、体操；高等小学校增设历史、地理、理科、商业等课程，废止经学。民国十二年（1923年），又废除修身。民国十八年（1929年），增设三民主义和童子军训练科。民国二十一年（1932年），县设各小学遵部颁标准，调整课程，开设公

---

① 高碑店市地方志编纂委员会. 高碑店市志 [M]. 北京：新华出版社，1997：636.

民训练、卫生、体育、社会、自然、国语、算术、美术、音乐等科，并沿袭至 1937 年。①

《曲阳县志》也记载，民国初年，废除读经讲经科，初等小学校三年级始设珠算，女生加缝纫科。高等小学校开设外语，男生加学农业。民国十一年（1922 年），初级小学校课程改为国语、算术、社会（包括公民、历史、地理、音乐、美术、卫生、体育），高级小学校课程设自然、园艺、工用艺术、形象艺术。几年后，增设党义、三民主义等课程。②

《顺平县志》中记载，民国元年改学堂为学校。民国四年（1915 年），改初等小学校为国民学校，并定国民学校之教育为义务教育。民国七年（1918 年），教育部公布注音字母。民国八年（1919 年），改国文为国语。③

《唐县志》也记载，民国初沿清制，高等小学堂开设国语、算术、卫生、公民、历史、地理、自然、体育等科。初等小学堂设国语、算术、音乐、美术、体育等。④

这一时期，读经讲经的内容在课程中所占的比重逐渐减少，近代科学知识的比重则逐渐增多，更加注重知识的实用性和科学性。

3. 抗日战争时期—解放战争时期的课程

《定州市志》记载：抗日战争时期，定南县和定北县的初级小学

---

① 高阳县地方志编纂委员会. 高阳县志［M］. 北京：方志出版社，1999：792.
② 曲阳县志编纂委员会. 曲阳县志［M］. 北京：新华出版社，1998：423.
③ 河北省顺平县地方志编纂委员会. 顺平县志［M］. 北京：中华书局，1999：843.
④ 河北省唐县地方志编纂委员会. 唐县志［M］. 石家庄：河北人民出版社，1999：679.

设国语、算术、政治常识、军训、手工、劳作、音乐、图画等。①

《保定市志》也记载：抗日战争时期，晋察冀边区政府于 1943 年公布《小学暂行方案》，该方案规定高级小学设国语、算术、历史、地理、公民、自然、音乐、美术、体育、习字，初级小学开设国语、算术、习字、美术、唱游。沦陷区的日伪小学，除大搞尊孔复古活动外，为了推行奴化教育，还强令小学开设日语课、修身课（使用《新民课本》）。日本投降后，被国民政府接收的城乡小学又恢复了战前的课程设置。1948 年 11 月，冀中行政公署颁布《恢复与整顿国民教育实施办法（草案）》，规定初级小学设国语、算术、美术、游戏、唱歌、常识，高级小学设国语、算术、政治、地理、历史、自然、美术、音乐。②

《高碑店市志》记载：1938 年，新城县抗日民主政府成立后，抗日根据地的抗日小学相继建立，学校除文化学习外，主要是进行抗日爱国教育、民族气节教育；师生排演宣传抗日的文艺节目，高唱抗日歌曲，参加抗日宣传大会、站岗、放哨、送信，有力地配合抗日斗争。县抗日游击高级小学学生，生活军事化，学习课程有政治、算术、语文、历史、地理、常识、音乐、体育等。1946 年，新城县开始实施国民教育制度，各小学改称国民学校或中心国民学校，课程有国语、算术、历史、地理、自然、音乐、体育、图画、劳作等。③

---

① 定州市地方志编纂委员会 . 定州市志［M］. 北京：中国城市出版社，1998：879.

② 保定市地方志编纂委员会 . 保定市志：第四册［M］. 北京：方志出版社，1999：9.

③ 高碑店市地方志编纂委员会 . 高碑店市志［M］. 北京：新华出版社，1997：636.

《高阳县志》中记载："七七事变"后，各抗日小学均教授中心校自编教材。高级小学开设语文、算术、政治、地理、历史、自然、唱歌、体育、手工、图画等课程。初级小学开设语文、算术、政治、唱歌、体操课程。政治课以抗日爱国教育为主，唱歌是主课之一，多为抗日爱国歌曲。[1]

据《曲阳县志》记载，抗日战争初期，一般用民国初、中期课本，个别教师自编部分教材。1938 年秋后，除县城亲日小学外，全部使用县抗日民主政府教育科编印的课本。1942 年，改用晋察冀边区行政委员会编印、县文化合作社翻印的课本，教材中突出爱国主义教育，政治性很强。1943 年，边区政府颁布《小学校暂行办法》，统一制定课程表。抗日战争胜利后对课本内容进行了修订。[2]

据《顺平县志》记载，1948 年，小学一律采用华北政府教育部编印的课本。初小一、二年级设国语、算术、美术、唱歌；初小三、四年级增加常识课。高级小学开设国语、算术、政治、地理、历史、自然、美术、音乐。[3]

《唐县志》记载，抗日战争时期，沦陷区小学设国语、修身、常识和日语。根据地小学设政治、常识、语文、史地、唱歌、图画、手工、劳动等课。[4]

这一时期的学校教育多注重爱国教育，课程内容根据所在地情况灵活选择，适应当时的抗战状态。

---

①　高阳县地方志编纂委员会. 高阳县志［M］. 北京：方志出版社，1999：792.
②　曲阳县志编纂委员会. 曲阳县志［M］. 北京：新华出版社，1998：423.
③　河北省顺平县地方志编纂委员会. 顺平县志［M］. 北京：中华书局，1999：843.
④　河北省唐县地方志编纂委员会. 唐县志［M］. 石家庄：河北人民出版社，1999：679.

第三节 河北近现代蒙学的教材

河北近现代蒙学教材的使用有一定集中性、自主性、层次性和逐渐趋于统一等特点。教材的集中性在于各地区常用教材普遍集中于"三百千""四书五经"的学习；自主性在于前期教师有自由选择教材的特点，后期才逐步趋于统一；层次性则体现在不同教材用于不同学习阶段，以符合学习者学习特点。从时间上看，不同时期教材使用也明显不同，明清时期主要使用古代先贤所撰作品，民国时期对教材使用有所限制，抗日战争时期及解放战争时期教师开始结合时代背景自编教材。

综上，河北近现代蒙学教材经历了从分散到逐步统一、从使用古代先贤作品到使用富有时代性质的自编教材的过程，教材随时代的发展也逐渐演绎着自己的历史。下面将介绍各地区蒙学教材的使用情况。

一、冀南地区

（一）邢台市

明清时期，儒学的学习以"四书五经"为基本教材，同时为应付科举考试，也会学习宋代、明代的理学著作以及"时文"。县内私塾的教材并不统一，但主要集中于几部人们熟知的经典，这些经典教材可分为启蒙阶段所用的教材和开讲阶段所用的教材。启蒙阶段会学习《百家姓》《三字经》《千字文》《弟子规》等，也学珠算、记账、契约、帖条等知识；开讲阶段学习《论语》《孟子》《大学》《中庸》《诗经》《书经》《易经》《礼记》《左氏春秋》等。① 不过邢台南和县在启蒙与开讲阶段所用教材加入《千家诗》并进行古代著名短文的学习②，临西县女学也增设《女儿经》等教材③。《内邱县志》中提到，书院以皇帝颁发的上谕、"四书五经"、《资治通鉴》等为教学材料。④

由此可看出这种循序渐进、因材施教的教育原则在实际中有所实行与保留：将教材分门别类，将"三百千"等启蒙教材视为训蒙知识等基础读物，待其学识与理解能力提高之后再按国家科举制度要求开始进行"四书五经"教材的学习。

抗战时期，由于受到日军侵略，学校被迫实行奴化教育，教育事业受到严重摧残。此时一般学校的教材基本上是《三字经》《百家姓》《千家诗》《七言杂字》《朱子治家格言》《论语精华》《孟子》《论语》《诗经》等教材。⑤ 抗日学校和伪装学校的教材则主要是教师自编的抗日教材。

大部分学校在抗战危急情况下解散了，直到 1940 年，内邱县又出现了三种不同性质的学校：第一种是日伪政府在平原一带的河巨、金店、冯村、城关等地建立的日伪小学；第二种是在抗日游击区建立的"两面学校"（又称伪装学校），教材亦有抗日课本

----

① 河北省内邱县地方志编纂委员会. 内邱县志 ［M］. 北京：中华书局，1996：740 - 741.

② 南和县地方志编纂委员会. 南和县志 ［M］. 北京：方志出版社，1996：447.

③ 临西县地方志编纂委员会. 临西县志 ［M］. 北京：中国书籍出版社，1996：610.

④ 河北省内邱县地方志编纂委员会. 内邱县志 ［M］. 北京：中华书局，1996：739.

⑤ 邢台市地方志编纂委员会. 邢台市志（前 17 世纪—1993. 6）［M］. 北京：中国对外翻译出版公司，2001：1001.

和敌伪课本两种，敌人来了就拿出敌伪课本应付伪军，敌人走后就学教师自编自印的抗日课本；第三种是抗日政府在抗日根据地建立的抗日小学，在学习文化的同时，学生还担负站岗放哨、送信及社会宣传等工作。①

（二）邯郸市

封建社会，在官学、私学还没有形成系统的学校教育制度时，对教材没有统一的规定，但"三百千"以及"四书五经"等则为最常用的教材。自隋朝创立科举制度以来，科考即成为读书人做官、立业的主要途径，教育也被社会所重视，通过讲经对学生进行封建伦理道德和封建社会修身处世的态度教育。教材虽无统一标准，但大多取自《论语》《礼记》《童蒙训》《三字经》《朱子语类大全》之类。② 直到清末，政府颁布的《奏定学堂章程》才明确规定：初等小学堂所开设的读经讲经主要是《孝经》《论语》《大学》《中庸》《孟子》《礼记》等，高等小学堂开设的修身教材以"四书"为主，经学以《诗经》《书经》《易经》等为主。③

为了让儿童更好地理解教材内容，邯郸大名县的蒙学教材从易到难，娓娓道来，最初以"三百千千"以及《弟子规》《女儿经》《教儿经》《童蒙须知》等作为夯实学识的基础，后逐渐过渡到"四书五经"、《幼学琼林》《古文观止》等，以读经应举。光绪末年，李瀛在大名城内创建十五所存古学校（蒙塾），意在新学

---

① 河北省内邱县地方志编纂委员会. 内邱县志 [M]. 北京：中华书局，1996：742.

② 大名县教育志编纂委员会. 大名县教育志 [M]. 郑州：中州古籍出版社，2016：129.

③ 大名县教育志编纂委员会. 大名县教育志 [M]. 郑州：中州古籍出版社，2016：105.

大兴的形势下保存国学，授课内容仍是"四书五经"。[①]

但 1912 年，南京临时政府颁布的《普通教育暂行课程标准》中规定了清廷颁布的教科书一律禁用、一律不读经本，因此部分传统蒙学教材的使用受到了阻挠。[②] 课程也由尊孔读经逐渐转向学习白话文等内容。

抗战时期，日军进行"尊孔孟、兴王道"的奴化教育，日伪学校的教材基本上是《新民课本》《三字经》《百家姓》等教材，而抗日学校和伪装学校的主要教材则是教师自编的抗日教材。

抗日教材大多为区域教师自编，磁县的教材编制目的是为抗日斗争培养后备干部；[③] 大名县增设部分抗战需要的科目，自行编印抗战与生产需要的教材；[④] 曲周县的教材编制结合当时实际情况，例如算术课引入减租减息与征收公粮的学习，国语课本包含抗日基本观点、爱国教育、宣扬英烈、揭露日伪军凶残等内容，音乐课与体育课的教材也全部融入抗战元素。[⑤]

此时各地的教材也基本自行印刷，经记载，除曲周县起初使用过一段时间手抄本，其他地区均采用印制的教材。有的采用油印，如曲周县；[⑥] 有的采用铅印，如馆陶县。[⑦]

---

① 大名县教育志编纂委员会. 大名县教育志 [M]. 郑州：中州古籍出版社，2016：12.

② 大名县教育志编纂委员会. 大名县教育志 [M]. 郑州：中州古籍出版社，2016：107.

③ 磁县地方志编纂委员会. 磁县志 [M]. 北京：新华出版社，2001：650.

④ 大名县教育志编纂委员会. 大名县教育志 [M]. 郑州：中州古籍出版社，2016：95.

⑤⑥ 曲周县地方志编纂委员会. 曲周县志 [M]. 北京：新华出版社，1997：547.

⑦ 河北省馆陶县地方志编纂委员会. 馆陶县志 [M]. 北京：中华书局，1999：650.

二、冀东地区

（一）秦皇岛市

中华人民共和国成立前秦皇岛市的有关资料无法考证，暂略。

（二）唐山市

清末时，唐山市的私塾和书院等使用的教材依旧是以《三字经》《百家姓》《千字文》以及儒家的"四书五经"等为科举服务的教材为主。民国时期，幼儿教育的教材依旧是以《三字经》《弟子规》等传统教材为主，小学教育的教材则根据当局的不同而有所不同，但归根结底都是为了自身的统治服务。

唐山境内的私塾始建于清末，大体分三种类型：门馆、族馆和集资馆。各类私塾所用教材相似，蒙童均多用"三百千"以及《四言杂字》《女儿经》《弟子规》等，以识字为主，学生读熟背会后另换新书；程度较高者学习《朱子治家格言》《名贤集》《幼学琼林》《古文观止》、"四书五经"、《千家诗》《声律启蒙》《简明尺牍》等，并兼学作文、习字、珠算等。①②

《唐山市新区志》中也记载，20 世纪 30 年代以前辖区即有幼儿教育，当时称之为启蒙教育。启蒙阶段的私塾先生多是用《三字经》《弟子规》作启蒙教材，初步向儿童灌输封建伦理道德，以后又改用《幼稚读本》。小学教师代替幼儿教师，除继续向幼儿灌输封建伦理，还增加了一点算术知识。抗日战争爆发后，幼儿教

---

① 东矿区地方志编纂委员会. 唐山市东矿区志 [M]. 北京：中国和平出版社，1994：433.

② 唐山市开平区地方志编纂委员会. 唐山市开平区志 [M]. 北京：方志出版社，2016：475.

育遭到破坏。虽有一些看图识字幼儿教材，但内容多是用于奴化教育。东半部靠山区各学校，无法开展幼儿教育。只有在环境稍有许可条件下，由抗日政府组织儿童团学唱抗日歌曲，学龄儿童站岗放哨、送信、查路条等。①

三、冀北地区

（一）张家口市

明清时期，张家口市近现代启蒙教育教材除常用的《百家姓》《千字文》《幼学琼林》外，还有《农家识字格言》类书，念书以背诵为主。除此之外，也会通过"描红""写仿"方式练习毛笔字②，同时珠算等内容也作为教学材料一并学习。一般农户家庭只要能够写一部分常用字即可，只为撑得起一个"耕读之家"的名号；而富户会要求更多，有的会在家中设立私塾③，所学习的内容与教材会更加丰富，内容的层次更深。

民国时期，课程中不再设置读经讲经内容，幼儿的教材没有统一的规定，大多是根据当时各个地区的形势，教师自己编写教材，采用的是边编写教材边教学的模式，教材的内容多以游戏为主。当时私塾场景及所用教材见图2-2、图2-3。

① 唐山市新区地方志编纂委员会. 唐山市新区志 [M]. 北京：中华书局，1993：410.

② 张家口市桥西区地方志编纂委员会. 张家口市桥西区志 [M]. 北京：九州出版社，2015：844.

③ 老龙湾村志编纂委员会. 老龙湾村志 [M]. 北京：人民出版社，2015：87.

图 2 – 2　清朝时的乡村私塾（绘画作品）①

图 2 – 3　初等小学校国语课本内页 ②

①　老龙湾村志编纂委员会．老龙湾村志［M］．北京：人民出版社，2015：87.

②　于翠玲．民国时期小学语文教科书插图的编辑特色［J］．中国编辑，2016（3）：73 – 78.

清朝时期，张家口市近现代的私塾无固定学制和修业年限，教学内容也不统一，由塾师自选教材。初入学的蒙童，一般学杂字书，如《百家姓》《三字经》《千字文》《名贤集》等。如果富家子弟有想要参加科举考试的，则继续学习经史子集和八股文，教材有"四书五经"、《古文观止》《唐诗三百首》等。

清末，学校开设了修身、经学等课程，所用教材同样由教师自定标准、自编教材、自选文章，教师选择教材有一定自主性。

（二）承德市

清朝时期，启蒙教育主要在学塾进行，仍以识字、习字为主。教材主要有《三字经》《百家姓》《千字文》《弟子规》《幼学琼林》等，"三百千"历代沿用，很少有大的变化，由此可见，"三百千"类习字识字类读物的影响深远。参加科举考试者所学教材则为"四书五经"及注释，还要学习"时文"（八股文）、试帖诗，也有讲《千家诗》《古文观止》者。如果不准备考取功名而准备就业的人就会学习实用性内容，如学习杂学、珠算等。[①]

四、冀中地区

（一）廊坊市

封建社会存在的几种学习形式有县学、书院、义学以及私塾，所用教材有所区别。县学与书院多以"四书五经"为教材进行学习，以应科考；义学与私塾通常以"蒙养""教化"为重，所以用到的教材以"三百千"（即《三字经》《百家姓》《千字文》）为

---

① 承德市地方志编纂委员会．承德市志：第四卷［M］．北京：新华出版社，2009：1313.

主，一些大家富户在学完蒙学课本外，还会教授《千家诗》和"四书五经"。[①]

（二）衡水市

封建时期，衡水所设私塾以"四书"为必读教材，提倡"三纲""五常"之伦理。学习进程所分的初、中、高三个级别用书不同。初级所用教材为《三字经》《百家姓》《千字文》等启蒙书籍，主要用来识字、习字；中级以孔孟学说为主，学《论语》《孟子》《大学》《中庸》等书籍；高级则以诗文为主，读《幼学琼林》《古文观止》《千家诗》《诗经》等书籍。[②]

在私塾中，地主豪绅与富裕户分摊钱粮聘请教师，所聘请的私塾教师一般会选用"四书五经"，加学唐诗、宋词和《古文观止》；而一村按户摊钱聘请的教师则主要学习《三字经》《百家姓》《名贤集》《弟子规》《四言杂字》等。[③] 可见封建时期富家子弟多以科考内容进行学习，而贫家子女因家庭生计所迫，所学内容较基础，且入私塾者也甚少。在枣强县《故乡记》中记载，枣强县的私塾学生年龄差别很大，初入塾的学生中有七八岁的，也有十七八岁的，开始主要是识字，常以《三字经》《百家姓》《千字文》《千家诗》《七言杂字》为识字教材，识千字后才会学读"四书"，三四年后开讲"四书"，同时学写毛笔字，练习作文、写

---

① 廊坊市志编修委员会. 廊坊市志 [M]. 北京：方志出版社，2001：1689.
② 阜城县地方志编纂委员会. 阜城县志 [M]. 北京：中国文联出版公司，1998：681.
③ 故城县地方志编纂委员会. 故城县志 [M]. 北京：中国对外翻译出版公司，1998：497.

诗，还有珠算、算术、尺牍、帖式等课。①

　　民国元年（1912 年），枣强县开始办小学校。初办小学校的教材与私塾基本相同。教材主要是《三字经》《百家姓》《千字文》等类，也学算术、书法、地契，尤其重视书法，书法练习多以柳公权的《玄秘塔碑》为大楷字帖。②

　　抗日战争时期，1938 年各级抗日政府采取儿童入学免费、教材由公家发给、入学年龄不严加限制等措施，掀起了儿童入学热潮，建立起抗日小学。1940 年，日军的疯狂进攻，严重破坏了授课秩序，为保证安全，日伪一来就使用《三字经》《百家姓》和日伪课本③，但不真读，只为应付。日伪军走后便进行其他教材的教学。

　　那些真正学习的课本由于编纂、印刷、纸张诸条件的限制，数量不足，有的时候一所学校一个年级只有一两本，甚至几所学校共有一册。要解决这个问题，一是自己抄，教师给学生抄，高年级学生给低年级学生抄；二是自选，1942 年以前以及 1946 年以后的《冀南日报》，1942 年至 1946 年的《运河报》，以及《冀中导报》《工农兵》《新大众》《大众科学》等报刊，都是教材来源；三是自己编，教师们满怀政治热情，动手编写。低年级的识字课本会先学写"打倒日本帝国主义""我送哥哥当八路"之类，每有重要新闻，教师也会编成通俗易懂的阅读课文，当作教材。教育

---

　　① 枣强县地方志办公室. 故乡记：枣强县史志资料选编 ［M］. 石家庄：河北人民出版社，2015：412 – 413.

　　② 枣强县地方志编纂委员会. 枣强县志 ［M］. 北京：文化艺术出版社，1994：870.

　　③ 河北省深州市地方志编纂委员会. 深县志 ［M］. 北京：中国对外翻译出版公司，1999：434.

事业在这样困难的情境下得以坚持下来。①

（三）沧州市

明清时期，沧州城内书院传授儒家学说，蒙童学习"四书五经"。② 私塾的启蒙教材通常是《三字经》《百家姓》《弟子规》《千字文》《四言杂字》《简明尺牍》等，程度较高者逐步学习"四书五经"、唐诗、宋词、《史记》《战国策》《古文观止》等，并学做对联、诗句，教习因人而异，课本均无标点，先生逐一点教，只读不解，以背熟为限。民国初年至抗日战争初期，虽被禁止讲经，但沧县③城内仍有部分村学校讲私塾旧课，杂以《国文》《算术》等新书，直到解放后，废除了旧的教育制度，彻底废除了私塾。④⑤

《泊头市志》记载，蒙童所用教材由浅入深，分为启蒙课程、中级课程、高级课程。启蒙教材多用"三百千"、《名贤集》；中级教材多用《论语》《孟子》《大学》《中庸》；高级教材多为《诗经》《书经》《左传》《东莱博议》等。⑥

民国时期，小学阶段教材发生了一定的改变。民国十一年

---

① 枣强县地方志编纂委员会．枣强县志［M］．北京：文化艺术出版社，1994：672.

② 《沧州市志》编纂委员会．沧州市志：第四卷［M］．北京：方志出版社，2006：2301.

③ 民国二年（1913年），沧州改为沧县，属直隶省渤海道。

④ 《沧州市志》编纂委员会．沧州市志：第四卷［M］．北京：方志出版社，2006：2304.

⑤ 东光县地方志编纂委员会．东光县志［M］．北京：方志出版社，1999：464.

⑥ 河北省泊头市地方志编纂委员会．泊头市志［M］．北京：中国对外翻译出版公司，2000：534.

（1922年），废止文言文教材，采用中华民国大学院审定的统一教材。① 图2-4为新编初小国语读本内页。

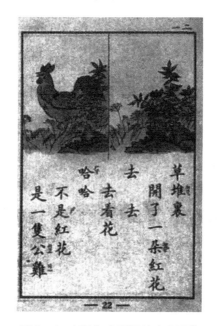

图2-4　新编初小国语读本内页②

抗日战争时期，各抗日高小开设的课程最初使用抗战前的课本，以后又增设政治课，教材由边区民主政府油印，涉及抗日内容的课文占一半以上。③

---

① 《沧州市志》编纂委员会. 沧州市志：第四卷 ［M］. 北京：方志出版社，2006：2307.

② 于翠玲. 民国时期小学语文教科书插图的编辑特色 ［J］. 中国编辑，2016（3）：73-78.

③ 《沧州市志》编纂委员会. 沧州市志：第四卷 ［M］. 北京：方志出版社，2006：2308.

（四）石家庄市

石家庄教育起源较早，春秋以前，石家庄地区即有教育。

石家庄藁城、无极兴教较早，文化源远流长，唐宋时期官学、私学逐渐兴盛，宋元时期的一些庶民子弟也开始受到蒙养教育，明清时期，教育更加发达。童蒙教育所用教材选取那些有助于儿童建立初步伦理道德和吸收基本文化知识的书籍，如《三字经》《百家姓》《千字文》《名贤集》《弟子规》《神童诗》《童训》及《改良女儿经》等。①

清末受到当时清政府洋务运动"中学为体，西学为用"思想的影响，石家庄井陉、获鹿、正定、栾城四县的初等、高等小学堂教育教学工作以读经讲经为主，辅之以一些新学课程来体现西方特色。农村小学的低年级学生以《三字经》《百家姓》《千字文》等启蒙读物为主要教学内容，高年级逐步教授"四书五经"或者其他经书的篇章。但编写的教材都是文言文，教师类似于私塾的先生，只教学生念书、背书和写字。这一时期蒙学教育仍受传统文化影响很深，各年龄阶段的教学没有形成统一的教材，对后面的改革也产生了一定影响。

1912 年 1 月，民国政府成立，颁布《普通教育暂行办法》，废止了清廷颁行的教科书及小学读经科。②

民国三年（1915 年），国民政府颁布《高等小学校令》《国民学校令》，要求城市小学使用共和国制定的国民读本。农村小学既

---

① 藁城市地方志编纂委员会．藁城县志［M］．北京：中国大百科全书出版社，1994：394.
② 石家庄地区地方志编纂委员会．石家庄地区志［M］．北京：文化艺术出版社，1994：927.

讲国民课本，又读"三百千"等旧的读物。① 初小读《孟子》，高
小读《论语》。民国八年（1919 年），各小学取消了读经、祭祀的
活动，并将文言文的教材改成了白话文，推行注音字母。② 图 2 - 5
为中国特殊教育博物馆收藏的民国时期教科书。

图 2 - 5　中国特殊教育博物馆收藏的民国时期教科书③

　　民国十八年（1929 年）后，学校所用教材由县教育科专人编
写，用麦秸纸印刷。

　　"七七事变"后，在日伪统治下部分小学使用的是伪社会局指
定的教科书，宣扬奴化思想，同时延续了私塾的教育模式。1940
年后，封建的私塾办学才逐渐消失。为了抵抗日本的奴化教育，

　　① 石家庄市地方志编纂委员会. 石家庄市志：第五卷［M］. 北京：中国社会出
版社，1999：14.
　　② 河北省晋州市地方志编纂委员会. 晋县志［M］. 北京：新华出版社，1995：
619.
　　③ 邱淑永，马建强. 民国时期的教科书［J］. 现代特殊教育，2020（20）：82.

中国共产党领导下的抗日根据地和八路军控制的游击区，宣扬反帝爱国、抗日救国，主要采用的是《战时新课本》或《抗战时期小学课本》。① 1939 年，抗日政府建立的抗日小学在极其艰难的情况下依旧坚持办教育，当时的课本还是用糊窗户的纸油印的。国语（语文）教材内容包括"工人、农民……""天亮了，起来，快起来。爸爸早，妈妈早……"等基于当时历史环境的一系列教材内容。②

图 2 - 6　《战时新课本 第五册》封面③

① 石家庄市地方志编纂委员会. 石家庄市志：第五卷［M］. 北京：中国社会出版社，1999：14.

② 刘永奋，刘业茂，李国辉. 犁耕风采录［M］. 北京：文津出版社，2017：138.

③ 石鸥，刘毕燕. 课本抗战之根据地《战时新课本》［J］. 中国教师，2015(18)：12 - 15.

石家庄解放初期，市区和四个县各个小学的国语和美术课，暂时沿用国民党时期的旧课本，教学时可根据实际需要酌情删减。初小和高小一些社科类科目由教师参考晋察冀和晋冀鲁豫的边区课本自己编写讲义进行教学。① 至此，石家庄市的小学教材在内容方面达到了初步统一，但各地区由于师资水平、地区经济发展水平、政治等方面的差异，仍存在很多的不同点。

1948 年，中华人民共和国成立前期，市区各学校开始实施新兴的教育管理体制和规章制度，教材也做了相应的调整。

（五）保定市

清末，保定各级各类小学堂均采用官设编书局出版的统编课本。如初等小学堂以《孝经》、"四书"、《礼记》节本为读经讲经科必读课本，高等小学堂以《诗经》《书经》《易经》及《仪礼》之一篇为读经讲经必读课本。1912 年，根据教育部颁布的《普通教育暂行办法》，废止小学读经讲经科，"凡各种教科书，务合乎共和民国宗旨。清学部颁行之教科书一律禁用"。同年，依据教育部颁发的《小学校令》，小学校所用教科书由省图书审查会择定。1915 年，教育部颁布《国民学校令》和《高等小学校令》，规定小学的教科书"须用教育部所编行或经教育部审定者"，"同一教科目而有数种者，应由县知事召集各校校长会议择定"。1918 年，开始推广教育部公布的注音字母。1920 年，小学一、二年级国文开始改为语体文。此后，小学文言文教材由白

---

① 石家庄市地方志编纂委员会. 石家庄市志：第五卷［M］. 北京：中国社会出版社，1999：15.

话文教材取代。① 1929 年，新城县（今保定市高碑店市）的小学教材一律用上海国民图书出版社出版的语体文课本。1932 年以后，国民政府推行义务教育时，新城县小学采用国立编译馆及中华书局编的课本。②

抗日战争初期，曲阳县一般使用民国初、中期课本，个别教师自编部分教材。③ 抗日战争期间，处于沦陷区的小学被迫使用由日伪政权教育机构编定《新民课本》和日语课本，课本大肆宣扬"中日亲善""中日共存共荣"等内容，借以推行奴化教育。④ 在日伪据点附近村庄和日伪据点驻地的小学，每位学生使用两套教材，一套是抗日课本，由民主政府编制；另一套是日伪课本，由日伪编印。⑤ 1938 年 4 月 1 日，冀中政治主任公署组织有关人员编写抗日课本。1941 年 10 月，冀中行政公署召开了第三次教育科长会议，规定小学统一使用抗日联合大学编写的课本，以国语、算术、历史、地理等科目为主。1943 年，晋察冀边区政府公布《小学暂行方案》，规定小学一律使用边区战时新编教材。语文与常识合编，宣传抗战，学习民族英烈事迹，揭露敌伪的罪恶，并进行识字、作文教学。算术教材里增加"公粮的计算""统一累进税的计算""减租减息"等内容。根据对敌斗争的需要，自然教材中增

① 保定市地方志编纂委员会. 保定市志：第四册［M］. 北京：方志出版社，1999：28.
② 高碑店市地方志编纂委员会. 高碑店市志［M］. 北京：新华出版社，1997：636.
③ 曲阳县志编纂委员会. 曲阳县志［M］. 北京：新华出版社，1998：423.
④ 保定市地方志编纂委员会. 保定市志：第四册［M］. 北京：方志出版社，1999：29.
⑤ 定州市地方志编纂委员会. 定州市志［M］. 北京：中国城市出版社，1998：881.

添了"战地救护知识""石雷的制造方法""黑豆染布"等内容。抗战胜利后，清苑、满城两县的边区小学继续使用边区政府统编的教材。国民党接收区的小学则使用战前教育部统编的小学课本。[①]

第四节　河北近现代蒙学的教法

我国古代蒙学已有三千多年的历史，但河北地区的蒙学教育到了宋朝才受到重视，形成正式的蒙学教育制度。河北地区近现代蒙学的发展经验，被中华人民共和国成立后的幼儿和小学教育所借鉴吸收。由于受同一教育方针的指导，河北地区的冀东、冀南、冀北、冀中地区呈现出趋于一致的教法和学法，主要有重视基础知识讲练、培养爱学乐学态度、明理立德、注重生活实践、养教结合等特点。

一、我国古代蒙学教法起源和发展

我国古代蒙学起源很早，商周时期就已有了为贵族子弟设立的蒙学。春秋战国时，民间对儿童进行启蒙教育的机构开始出现，到了西汉，教育机构初步成熟。经过六朝隋唐的发展，先秦时期选用《史籀篇》作为蒙学识字课本[②]，这一时期的蒙学重视书写技

---

① 保定市地方志编纂委员会 . 保定市志：第四册 [M]. 北京：方志出版社，1999：29.

② 耿红卫 . 我国近现代汉字识字问题实验研究述评 [J]. 教育学术月刊，2020 (2)：33 – 37.

能的训练，"礼、乐、射、御、书、数"中的"书"指的就是识字写字教育，蒙师依照造字规律指导识字，学法和教法具有一致性。

宋代以后蒙学推广至民间，开始出现以识字、道德教育为主要内容的蒙学教材，底层人民的子弟才开始广泛接受正规的蒙学教育，蒙学发展逐渐走向完善、正规。蒙师主要教童蒙认字、识字，《陆桴亭论小学》一文中写道："凡子弟学写仿书，不独教他字好，即可兼识字及记诵之功。"可见，在教学中已经看到了写字对识字的促进作用，还强调对蒙童书写的要求不可操之过急，要讲求步骤以及对蒙童身体发展的适应性。

随后的宋元至明，随着蒙学教材演变为识字、韵语、经书三大体系共存，识字、写字、阅读和文章写作成为基本内容，蒙学教法也萌发出新的特点，古代传统蒙学教育由此进入了鼎盛期。这一时期识字教育主要以口口相授、熟读记诵、读书认字以及在伦理道德与知识教育中扩充识字为特点。无论是家训还是蒙学中都包含了道德教育和读书教育。写字的方法有指物识字、六书识字、卡片识字、对比识字、析义识字等方法。在写字教学上，对范本选择、书写程序、写字姿势、字体结构、笔顺、工具等都提出了严格要求。蒙童刚开始习字不可贪多，根据蒙童手部发育规律先写大字，等年龄稍长再写小字。写字教学要略迟于识字教学。在写字方法上，根据学童写字水平的不同，可先后采用把腕、描红、描影，直至临帖等方法。在阅读教学上，重视朗读、强调先理解后记忆，提倡博览群书，主张读书与写作训练相结合。各类蒙学教材种类繁多，蒙师鼓励蒙童诵读各类书籍，注重读书习惯的培养。蒙师会在读书时指导蒙童朗读。在文章写作上，从练习属对开始，采用先放后收的步骤，学生多多练习并自己多次修改，从修改中提升自己的水平。蒙师在批改蒙童的文章时多留少改，以免打击写作的信心和积极性。①

到了清朝，蒙童识字一般始于四五岁，稍早的三岁时就开始，稍晚的六岁才开始识字。据有关识字教法的记载，较为普遍的有纸上识字、书本识字、木板识字、字族识字、形音义识字等方法。蒙师会带领学生在纸、书本、木板上等进行识字。石天基提出了字族识字法，其《训蒙辑要》中规定："认字：宜于其未读之书，先将字样依次写出，每日讲说，量资质定其多寡。如前一日教以一字'了'字，次日即以'了'字加'一'字，即夫子之'子'，父子之'子'，如此类推。"这种方法要求先学母体字，再从中衍生出一群子体字，如"平"可以衍生出"苹、萍等"，以更换偏旁、加笔画等方式衍生字群。形音义识字法是指识字多时则采用归纳总结的方法，把形近字归纳在一起，再从其声、其义讲解，把一个字所包含的三项内容都讲解得清清楚楚，这对童蒙识字很有帮助。清代继承了宋代口授、手授方式，重视字的选帖和执笔，此时期有关写字方法的典籍也十分丰富，如崔学古的《幼训》《少学》，石天基的《训蒙辑要》，唐彪的《父师善诱法》，王筠的《教童子法》，可见蒙学教育中识字写字的重要地位。②

清朝末年，国际局势动荡，国内教育发展受到冲击，西方学术思想、教育体制机制、学校制度等进入中国，我国先后颁布了癸卯学制、壬子癸丑学制、壬戌学制，新式学校在国内兴办，传统蒙学教育思想逐渐让位于西方新式教育观念，我国古代蒙学教育经历了

---

① 刘佳艳. 明清时期蒙学教学方法研究［D］. 北京：首都师范大学，2014.
② 张功荣. 古代蒙书识字写字教材、教法研究［D］. 昆明：云南师范大学，2013.

重大洗礼，在中国土壤生长出与国际接洽的教育方式方法。

明清是我国蒙学发展的鼎盛时期，这一时期的蒙学教法应引起人们应有的重视。在当前国内外兴起的国学热潮中，重新审视我国古代蒙学教育，认识到古代燕赵蒙学的教育理念对当今我国学前及初等教育阶段的教学仍有巨大的启示和借鉴价值。

二、燕赵近现代蒙学教法

据《柏乡县志》记载，汉朝以前存在旧式的启蒙教育，县内有人请先生到家中，教子女识文断字。① 隋朝后，个别官宦后裔和富家子弟，入私塾读"四书五经"，接受儒家思想和礼仪教育，没有学制，修业年限因家庭情况而定。学员年龄参差不齐，小至七八岁，大到十八九岁。到了宋代，教育机构才开始在地方普及。蒙学教育从家庭场域扩展到了家庭之外的社会场域。通过查阅史料发现，正规的燕赵古代蒙学教育最早出现在明朝。明朝统治共二百七十六年，传十六帝，蒙学的发展与当时的社会政治经济背景有极大相关性。当时农业、手工业空前繁荣，社会经济迎来了大发展，人们有了接受教育的愿望和能力。当时承载蒙学教育的机构类型繁多，主要是社学、私塾、家馆、义学等，大多是由家族、士绅承办的。社学是由政府承办的，自明代开始迅速发展起来，规模不断扩大。因其为官方承办，所以带有较浓厚的官学化色彩，其主要的教育目的是培养科举人才。女子接受女德、女训教育，多是为以后的生活做准备，顺从封建礼仪习俗，遵守"三从四德"。作为学校教育的基础——蒙学，也得到了一定的发展。

---

① 柏乡县地方志编纂委员会. 柏乡县志 [M]. 北京：方志出版社，2000：615.

光绪三十二年（1906年），清政府正式颁布教育方针，即"忠君、尊孔、尚公、尚武、尚实"。1914年，国民政府颁布新的教育方针："注重道德教育，以实利教育、军国民教育辅之，更以美感教育完成其道德。"这是第一个资产阶级德、智、体、美四育发展的教育方针，此后军阀交替执政，教育方针不断修改。《唐山市开平区志》中也提到在这样的教育背景下，清末时私塾为旧时"私学"的一种，境内办学形式主要有三种：一是有的朱门富户聘请教师在家里教育子弟，为教师承担生活食宿，称"专馆"；二是有的较大家族，利用祠堂聘请教师教育本族子弟，称"族塾"；三是有的教师在自己家里给人教书，视学生家庭经济状况，收取一定数额的学费，称"家塾"或"门馆"。① 当时，教学方法分启蒙、开讲两个阶段。启蒙教学以识字为主，学生读熟背会后另换新书，学习内容有《百家姓》《三字经》《千字文》《四言杂字》《女儿经》《弟子规》等。程度较高者学习《朱子治家格言》《名贤集》《幼学琼林》《古文观止》、"四书五经"、《千家诗》《声律启蒙》《简明尺牍》等，并兼学作文、习字、珠算等。一两年后，教师开始讲学。对年长的学生，除课业外，另教以写旧体诗、做文章、编对联等。

教育不是简单的说教，需要一定方法的引导。教育方法宏观上是指在一定的教育思想指导下形成的实现其教育思想的策略性途径，包括教师教的方法和学生学的方法；从微观上看教师从自己的教学实践和教研中总结出来的方法，具有个性化、创新性等

---

① 唐山市开平区地方志编纂委员会．唐山市开平区志［M］．北京：方志出版社，2016：475.

特点。正确地运用各种教育方法，对实现教育目的具有重要意义。燕赵蒙学是明清蒙学教育的重要组成部分，蕴含着以下四个方面的特点。

（一）循序渐进，重视基础知识的严格讲练

循序渐进是指根据学生认知发展的规律，结合语言文字的特征，形成完整的教学程序设计，促进学生基础知识和基本技能的掌握。这反映古代学制已经认识到知识本身与学生身心发展相适应才能促进学业上的成功。张伯行曾指出："古之教者，学不躐等，必由小学，然后进于大学。"① 据燕赵史料记载，学塾主要实施的是启蒙教育，蒙学程序可概括为识字、写字、阅读、写作四个阶段。如写字，主要指练习写毛笔字，蒙师对笔顺、笔画提出严格的书写练习要求。写字时，儿童必须做到态度端正，姿势正确，笔画工整，"一笔一画，严正分明，不可潦草"。读书时，也要心诚意静、心口眼俱到、精力专注，同时还要爱护书籍，勤抹几案，令之洁净。写作，指文章作法教学，先仿古人，再学文章作法，然后作文。阅读包括教、背、理、讲。首先教"句读"，即"识文断句"。读准后即"背"，每读必背。"理"，即温习。"讲"，即讲解文意。据《承德市志》记载：民国初年，仅承德县（今双桥区及承德县）就有义塾九十家，学生一千九百七十多人。这时，蒙学的主要职能是识字、习字。蒙学在认、写、读上提出了严格要求，在读的时候，还要求儿童必须放声高诵，字字响亮，对所读内容不可误一字，不可少一字，不可多一字，不可倒一字，直

---

① 曹树明. 吕大临的《大学》诠释：兼论其与张载、二程思想的关联 [J]. 哲学动态，2018（7）：55－61.

到熟读成诵。① 这表明明清时期的蒙学重视基础知识的牢固掌握，重视蒙童朗读文章，轻视对文章的理解和教师的讲解。

《唐山市开平区志》和《承德市志》中均记载，清末教学方法分启蒙、开讲两个阶段。教学方法一般是先识字、背诵、描红写仿，再读"四书五经"，并将识字视为主要，学生读熟背会后另换新书，学习内容有《百家姓》《三字经》《千字文》《四言杂字》《女儿经》《弟子规》等。② 对不同资质和年龄的学生区别对待，程度较高者学习《朱子治家格言》《名贤集》《幼学琼林》《古文观止》、"四书五经"、《千家诗》《声律启蒙》等，并兼学作文、习字、珠算等。一两年后，教师开始讲学，最终使学生懂得字、词、句、章。对年长的学生，除课业外，另教以写旧体诗、做文章、编对联等。讲完《春秋》以后，教材便算学完，学生即可参加岁、科二试及受院试求得生员（秀才）资格，落第者仍须自学或回塾复习。清末，洋务运动掀起了一阵新学课程热潮，但教师教学方式没有随之改变，教学仍以教学生念书、背书和写字为主，背会就是学会，造成学生只知其然而不知其所以然。针对个别程度较高的学生讲授内容的情况依旧少见，小部分学生有习作课的学习。

（二）明理立德，注重结合生活实践

明理立德是指以儒学为先，道德教育为重，德育贯穿古代蒙学的始终，教育不仅要注重引导学生把思想政治观念、道德实践和生活实践、生产劳动结合起来，而且把提高道德认识和养成良好道德行为结合起来。受儒家思想的影响，蒙学十分重视在生活

---

① 承德市地方志编纂委员会. 承德市志［M］. 北京：新华出版社，2009：1314.
② 唐山市开平区地方志编纂委员会. 唐山市开平区志［M］. 北京：方志出版社，2016：475.

礼节、道德行为上对儿童加以培养，注重蒙以养正，注重孩子心理智慧的启迪和行为准则的养成。这方面的要求与做法，《童蒙须知》《学则》中也有说明，如要求儿童居处必恭，步立必正，视听必端，言语必谨，容貌必庄，衣冠必整，饮食必节，堂室必洁等。这样的做法，能使儿童从小养成良好的行为习惯，逐步形成理性的自觉，做到"习与智长，化与心成"。在对儿童进行伦理道德的教育时，明确规定以"明伦"为中心的"立教、明伦、敬身、稽古"的教育指导思想与方法，这样也使得儿童从小就明了做人基本的人伦关系和规范，树立牢固的道德信念，形成良好的心理品质。

据《唐山市东矿区志》所记，学生每天上学、放学要向孔子像（或牌位）作揖，向塾师行礼。这表明我国自古以来便十分重视礼仪教化、习俗制度的教育传统。[①]《曲周县志》中记载，抗日战争时期确立各小学坚持"教育为抗战服务"的方针，抗日根据地依庄、侯村一带几乎村村都有小学，为四年制复式班，课程设置算术、体育、音乐、图画等。学校采取教育与劳动相结合的教学法，课余组织学生打草、开荒、积肥、种地，增强劳动观念，同时解决学生学杂费。当时学校与社会教育相结合，师生帮助农民业余学习，参加农民识字班、冬学，学生当小先生。[②] 1947 年解放后，石家庄市小学很快恢复上课，通过政治常识课和各种学习活动，对广大师生进行时事政策和革命的思想教育。农村小学则配合党的中心工作，组织师生参加一些政权建设和土地改革等实践活动。

---

① 东矿区地方志编纂委员会. 唐山市东矿区志［M］. 北京：中国和平出版社，1994：433.

② 曲周县地方志编纂委员会. 曲周县志［M］. 北京：新华出版社，1997：546－549.

（三）爱养为先，养教结合贯穿其中

养教结合是指在教学中保育与教育相结合，以保育工作为主，照管儿童身体健康、培养儿童的卫生习惯。古代家庭场域内的教与养注重蒙以养正和细节培育，注重孩童心灵智慧的启迪和行为准则的养成，它以灵活多样的教育形式与正规传统的封建教育互补。清末，保定市幼儿园的教养方法为"保育教导"，内容有游戏、谈话、手工、歌谣等方面。歌谣一科为大龄幼儿（五岁以上）所设，内容有古人短歌及五言绝句。① 谈话指保姆与幼儿对话，教导他们演述天然及人工事物。手工科教儿童制作易学易会的小器物。

民国时期，幼儿园的教养方法有所发展与改进，保育教导开始注重科学性，如女二师幼稚园设置的教学法研究会，定期举行会议对课程、教法进行讨论。② 此时除了教养内容游戏、歌谣等，还开始加强对幼儿体育活动的指导和智慧才能的启迪。1946 年，中共柏乡县县委、县政府组织广大妇女走出家门，参加生产，村村成立了农忙幼儿队，派老年妇女看管。为解放妇女劳动力，许多大队将幼儿集中起来，设专人看管，办起了农忙季节的"学前班"，但没有教材。这些临时选聘的人也没有受过专业的师范教育，无法完成教育儿童的任务，更多的是对儿童的照料和养育，使儿童少受伤害，保障儿童身体安全和健康。③

（四）因材施教，以爱学乐学为重点

因材施教是指蒙师要从儿童的实际情况和个体差异出发，有的放矢地进行有差别的教育，使每个学生都能扬长避短，开发潜

---

① ② 保定市地方志编纂委员会. 保定市志：第四册 ［M］. 北京：方志出版社，1999：9.

③ 柏乡县地方志编纂委员会. 柏乡县志 ［M］. 北京：方志出版社，2000：616.

能，获得最佳发展。新式学校教师以讲述、讲解、讲演等具体方式传授知识，根据蒙童不同的年龄、资质、地位等进行不同的教育，基本符合儿童身心成长的规律。中华人民共和国成立时，保定各个县的初级小学设三民主义、公民、国语、算术、历史、地理、卫生、自然、音乐、体育等课程；高级小学设党义、国语、社会、自然、算术、手工、美术、体育、音乐等课程。蒙师开始关注蒙童的天性，顺应蒙童的性情，采用鼓励蒙童心智和谐发展的教学方法。古代著名教育家、理学家程颐曾说："教人未见意趣，必不乐学。"即明言儿童的"乐学"必须建立在教学内容或教学方法富于"意趣"的基础之上。蒙师要时时刻刻注重自身言行，言传身教，给蒙童树立榜样，因为教师的一言一行都会对学生产生潜移默化的影响。而蒙童则以爱学乐学为重点，以尊师敬书、端正态度为要，与蒙师建立良师益友、和谐良好的师生关系。

纵观历史，明清时期蒙学的教育方法呈现出多式多样、百花齐放的盛况。民国时期，沧州的新式学校按照课表上课，教学内容不一。私塾式学校仍旧沿用封建的训导规范，对学生进行三民主义教育，尊孔、读经、重仁义。民国成立后，受欧美教育思想、教学方法的影响，一些条件较好的学校尝试五段教学法、自学辅导法、设计教学法等教法。少数学校借助图表讲授教材或引导学生实地观察。但这时期的教法也存在一些不足之处，教育过分重视应试教育，束缚蒙童思想的现象严重，儿童的人格没有得到基本的尊重。清末至中华人民共和国成立初期，沧州、衡水等地教学一直采用"教师教，幼儿听"的教学方法，体现为注入式教学法。旧教法单调呆板，以灌输为主，且体罚严重。如《临西县志》《滦南县志》《唐山市东矿区志》中都有记载，学塾中，规则极严，除课业外，老师不与学生交谈；并订有严厉的罚则，如"罚立""罚跪""打手心""笞臀"等。①②③ 塾师实施家长式的管理方法，学生犯规用戒尺打手心，还有罚站、罚跪等惩罚方式，遇有学生顽皮、逃学或荒疏课业，施以不同惩罚。先生讲学，学生听。读书只要求会念、会背、会写，不要求会讲。中华人民共和国成立后，改革旧的教学方法，废止体罚，但这一情况没有立刻得到扭转。关于近代的蒙学教法，《新河县志》中记载，清末私塾"在教学方法、方式上，大都采用先生讲、学生听的注入式，教学死板，枯燥无味，靠体罚以维持塾学的清规戒律"。④

综上所述，明代蒙学虽有许多值得称道的经验，但是教育观念太过保守、教学实用性较弱、理论与实践脱节，存在诸多有待完善之处。我们在对其进行借鉴应用时，应秉着批判继承的态度，扬长避短，才能为现代教育提供更多的营养。

第五节　河北近现代蒙学的管理

清朝社会生产力有所提高，城市商品经济进一步发展，识字

---

① 临西县地方志编纂委员会. 临西县志［M］. 北京：中国书籍出版社，1996：610.

② 河北省滦南县地方志编纂委员会. 滦南县志［M］. 北京：生活·读书·新知三联书店，1997：663.

③ 东矿区地方志编纂委员会. 唐山市东矿区志［M］. 北京：中国和平出版社，1994：432 – 436.

④ 新河县地方志编纂委员会. 新河县志［M］. 北京：方志出版社，2000：472 –474.

读书成为相当普遍的社会风尚，教育"普及"程度较前代大为提高。清朝初年，统治者意识到学校教育对于治理国家、维护其统治的重要作用，高度重视发展文化教育事业。教育管理也不断地制度化和体系化，就河北的蒙学管理而言，不同地方的蒙学管理体制有所差异。冀南地区教育机构管理逐渐完善，经历了从无到有的转变，学校的内部管理机构日趋系统化，学制管理方面也有了较为明确的规定，不同时期不同性质的学校中管理体制有所差异。在冀东地区，管理机构方面，教育逐渐专门化，在小学学制方面，从旧时的无固定学制发展到日渐制度化的学制。在冀北地区，在教育管理机构、学校机构管理、学校内部管理以及学校管理体制方面逐渐完善；幼儿园的行政管理，使幼儿园的教育管理日益专门化；在教学管理上，较为注重教员的专业素质，并对学生的礼仪、言行、课堂纪律、起居都有明确规定。

综合来看，河北近现代蒙学管理，在教育管理机构、学校机构管理、学校的内部管理、管理体制和教学管理方面都有了进一步的提高和发展。

一、冀南地区

（一）邯郸市

因资料缺失，暂略。

（二）邢台市

1. 教育机构管理逐渐完善

邢台市教育管理机构经历了无教育管理机构到设置劝学所、教育局、文教科（后改为教育科）的过程。

《柏乡县志》中有关于教育管理机构的详细记载："清朝光绪

三十一年（1905 年）春，县设劝学所，配劝学总董为专职教育官员，宣统元年（1909 年）改总董为所长，民国十七年（1928 年）劝学所改为教育局，设局长；以后，教育局除局长外增设督学、教育委员、事务员；抗日战争时期，县抗日政府设文教科，后改为教育科，日伪县公署也有管理教育的机构。"①

《内邱县志》中也有关于管理机构的相关记载："清道光十二年（1832 年），邱县设教谕、训导、儒学训导，管理全县的教育行政事务；1906 年，清政府通令各州县设立劝学所；民国八年（1919 年），内邱县建立了劝学所，有所长一人，督学两至三人，文书一人；民国十二年（1923 年），劝学所改为教育局，设局长一人，办事员数人。1937 年，日本侵略军占领内邱后，伪政府设教育科，管理全县教育行政。1938 年 12 月，内邱县民主抗日政府建立宣教科，负责全县教师的任免调配、课程设置、观摩教学。"②

根据《沙河市志》的记载，民国时期的教育主管机构经历了从劝学所到县政府第二科、劝学所、教育局、县政府第三科等频繁改变。"宣统元年（1909 年）成立劝学所，主管全县教育。""民国二年（1913 年）改称县政府第二科，民国三年（1914 年）复改称劝学所，有所长一名，劝学员四名，学务委员三名，书记两名。""民国十二年（1923 年）改名教育局，有局长一名，视学一名，教育委员五名，文牍庶务各一名，书记两名。""民国二十四年（1935 年）改称县政府第三科。"③

———————

①　柏乡县地方志编纂委员会. 柏乡县志［M］. 北京：方志出版社，2000：637.
②　河北省内邱县地方志编纂委员会. 内邱县志［M］. 北京：中华书局，1996：762.
③　河北省沙河市地方志编纂委员会. 沙河市志［M］. 北京：生活·读书·新知三联书店，1994：628.

2. 学校的内部管理机构日趋系统

《邢台市志（前17世纪—1993.6）》中也有相关记载："民国北洋政府时期之后，取消学监，改设三处，即教务处（负责教学）、训育处（负责学生管理和德育）、事务处（负责后勤）。各处均设主任。小学除校长、教员外，只设庶务和工友。邢台沦陷期间，学校机构基本沿袭以上的建制。""民国三十四年（1945年），邢台解放后，中等学校按照太行行署规定设置机构。""民国三十七年（1948年），太行行署决定将秘书处改为总务处，设总务主任。"①

《内邱县志》中也提到了关于学校内部的管理机制。"清末所设的学堂，一般设有监督（校长）一人总理校务。其他文案、会计、庶务、监学由教习兼任。内邱县官立高等小学堂，订有学堂章程。其主要内容包括规章制度16种，计134条，从教职员工的负责范围到厅堂诸项规约，直至仪节、卫生、游息等，皆有章可循。民国初期，校长以下设学监（后改为训导主任）、庶务、会计。1922年后县立完全小学一般均有教导、事务各一人，协助校长处理教导、训导事务。区立小学，其教务、训导、事务均由校长、教师兼任。"②

在小学的学制管理方面，各学制系统文件中规定明确，见图2-7、图2-8。癸卯学制在《初等小学堂章程》《高等小学堂章程》中明确规定：初等小学堂学制五年，高等小学堂学制四年，即五四学制。

---

① 邢台市地方志编纂委员会. 邢台市志（前17世纪—1993.6）[M]. 北京：中国对外翻译出版公司，2001：993.

② 河北省内邱县地方志编纂委员会. 内邱县志 [M]. 北京：中华书局，1996：763.

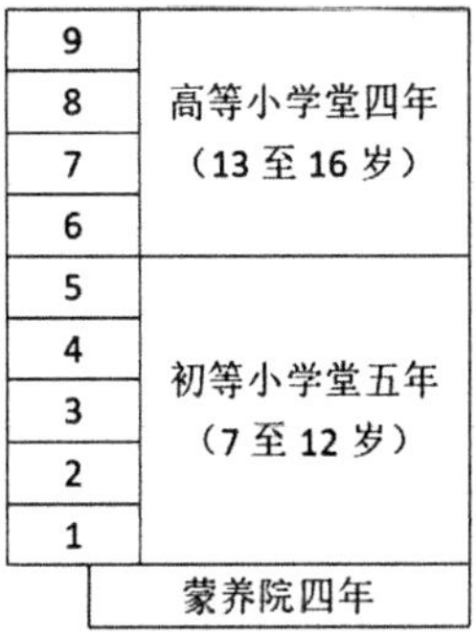

9	高等小学堂四年
8	（13 至 16 岁）
7	
6	
5	初等小学堂五年
4	
3	（7 至 12 岁）
2	
1	

蒙养院四年

图 2 - 7　癸卯学制小学堂部分示意图①

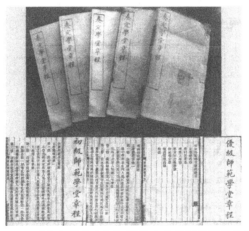

图 2 - 8　《奏定学堂章程》及其中有关师范学堂章程②

清光绪三十三年（1907 年），清政府颁行《奏定女子小学堂章程》，女子小学堂分初等、高等两级，修业年限各为四年。

---

① 大名县教育志编纂委员会. 大名县教育志 [M]. 郑州：中州古籍出版社，2016：91.

② 王维新，陈金林，戴建国. 中国百年师范教育图志 [M]. 上海：上海辞书出版社，2009：32.

　　清宣统元年（1909 年），学部又颁布《变通初等小学堂章程》，小学堂分五年制完全科及四年制、三年制简易科。

　　清宣统二年（1910 年），又对学制进行变更，规定小学堂一律为四年制。

　　民国元年（1912 年），南京临时政府教育部颁布《普通教育暂行办法》，规定学堂名称一律改为学校，小学学习的年限从癸卯学制的九年改为七年。初等小学校的修业年限为四年，高等小学校为三年，称为四三学制。女子初等小学校修业年限增为五年。

　　民国十一年（1922 年），北洋政府颁布新学制，规定小学取一级制，修业年限六年，分为前期四年，后期二年，如图 2 - 9 所示。

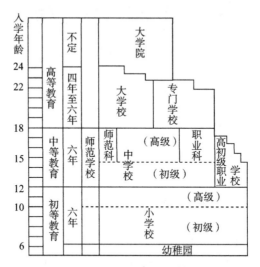

图 2 - 9　壬戌学制系统①

　　① 王维新，陈金林，戴建国.中国百年师范教育图志 [M]. 上海：上海辞书出版社，2009：105.

民国十七年（1928 年），河北省教育厅令改小学修业年限为六年（初小四年，高小二年）。

民国二十二年（1933 年），民国政府教育部颁布的《小学规程》规定，小学修业年限为六年（前四年为初级小学校，后二年为高级小学校）。

民国三十一年十月一日（1942 年 10 月 1 日），中国共产党领导的晋冀鲁豫边区政府颁布的《晋冀鲁豫边区小学暂行规程》规定，小学实行四二制，初级四年，高级二年，以招收满八岁至十四岁之学龄儿童为主，但在十四岁以上之失学儿童亦得入学。

民国三十四年五月（1945 年 5 月），大名（包括元城县）解放，这时大名的小学普遍实行四二学制，即初小四年，高小二年。

民国三十八年一月（1949 年 1 月），华北人民政府颁布的《华北区小学教育暂行实施办法》规定，小学为四二学制，初小四年，高小二年。

在管理体制方面，不同时期、不同性质学校的管理体制有所差异。《邯郸市志》中有记载："清末高等小学堂归县署管理，初等小学堂由办学人管理；民国时期，公立学校统一由教育行政部门管理，私立学校归校董管理。"在学校管理方面，清末与民国时期高等（级）小学堂（校）完全小学设校长管理校务。女子初等小学堂除设校长外，并设校监。①

《曲周县志》中记载："清光绪三十年（1904 年）曲周县奉令开办学堂，在县城设立初等小学堂四处，经费由各村自筹。光绪

---

① 邯郸市地方志编纂委员会. 邯郸市志 [M]. 北京：新华出版社，1992：722 - 723.

三十二年（1906 年），全县划分中、南、北、东四个学区，多由私塾改为学堂（乡人称蒙养学堂）。民国纪元后改称初级小学校。"①

二、冀东地区

（一）秦皇岛市

因资料缺失，暂略。

（二）唐山市

在管理机构方面，教育逐渐专门化。《滦南县志》有关于管理机构的记载："清光绪三十二年（1906 年），在滦州海阳书院（今滦县一中院内）创办劝学所。首任总董刘兰圃，管理全州教育行政事务。民国三年（1914 年）学所废，在县政府内设教育股，为教育行政管理机构。民国四年（1915 年），撤销教育股和视学办公处，恢复学所。民国十二年（1923 年），劝学所改称教育局，下设督学及办事员。民国二十四年（1935 年），教育局并到县政府，改为第四科，科下分总务、教育、社会教育三个股。不久，第四科改为学务科。日伪时期，仍称学务科，下设一、二、三股，分管人事、中小学教育和民众教育。"②

在小学学制方面，从旧时的无固定学制到日渐制度化。《滦县志》中记载，旧时小学无固定学制。光绪二十九年（1903 年），小学堂实行五四制，即初等五年，高等四年。民国元年（1912年），实行四三学制（初小四年，高小三年），春季始业。民国十

---

①　曲周县地方志编纂委员会．曲周县志［M］．北京：新华出版社，1997：546.

②　河北省滦南县地方志编纂委员会．滦南县志［M］．北京：生活·读书·新知三联书店，1997：659－660.

二年（1923 年），改为四二学制，秋季始业。解放初，沿用旧制。①《唐山市开平区志》中也提到，清光绪二十九年（1903 年），小学学制实行五四学制，即初小五年，高小四年。民国元年（1912 年）实行四三学制，即初小四年，高小三年，为春季始业。民国十二年（1923 年），实行四二学制，即初小四年，高小两年。中华人民共和国成立初期，小学学制基本沿用民国时期学制。②

三、冀北地区

（一）张家口市

1. 近现代蒙学（幼儿阶段）管理

民国时期，幼儿阶段的管理分属于各个幼稚园的开设机构。例如，民国十六年（1927 年），张家口女子师范学校附设幼稚园，其管理就隶属于张家口女子师范学校。民国三十五年（1946 年），由晋察冀抗日联合会在阜平县创建了北岳区儿童保育院，后改名为察哈尔省保育院，其管理归属于省政府民政厅。③

2. 近现代蒙学（小学阶段）管理

在学校的内部管理上，清代书院盛行，在书院实行的是学董管理制。学董有五到六人，由当地的士绅轮流担任，专门负责建筑和筹款。山长（相当于今天的校长）一人，院书（相当于今天的教务）一人，主要负责管理学院的日常事务、印发试卷、写榜，

---

① 滦县志编纂委员会. 滦县志［M］. 石家庄：河北人民出版社，1993：609.

② 唐山市开平区志编纂委员会. 唐山市开平区志［M］. 天津：天津人民出版社，1998：486.

③ 张家口市桥西区地方志编纂委员会. 张家口市桥西区志［M］. 北京：九州出版社，2015：850.

监视生员。院役有两到三人,主要负责监视生员、外人进出以及保持院内整洁卫生。由此可见,清代的书院管理实行的是责任明确到人的制度。①

民国时期,小学设校长一人,校长是由上级委派的,在校长以下设教务、事务两处,负责管理学校的一切事务。民国三十四年(1945年),张家口解放,小学由市人民政府教育科管理,学校就由校长主持工作。民国三十五年(1946年),国民党军进入张家口,市政府设教育科管理小学教育。小学校分为中心国民学校和保国民学校两级。各校设校长、教导主任以及庶务。② 民国时期的教育大都由教育局统一管理,由教育局下派人员到地方担任校长并对学校进行管理。

在学校的机构管理上,光绪三十二年(1906年)设学所,行政长官初称学董,宣统元年(1909年)改称所长。所内设视学员一人,各行政区亦设视学员一人。民国十二年(1923年)改称教育局,设局长一人,督学两人,书记员、工役各一人。各区设教育委员一人。民国二十三年(1934年),裁局归县署第三科。内设科长一人,督学一人,教育视导员二人,科员二人,书记一人。日伪政权设教育股。国民党政权设教育科。③

(二)承德市

在学校管理体制方面,民国初期是由校长负责学校的行政与教学,相当于校长负责制;日伪统治时期,学校由日本侵略者控

_____

①② 张家口市桥西区地方志编纂委员会.张家口市桥西区志 [M].北京:九州出版社,2015:886.

③ 阳原县地方志编纂委员会.阳原县志 [M].北京:中国大百科全书出版社,1997:566.

制；到国民党统治时期，仍然实行校长负责制。清末，承德公立小学堂成立，归承德府管辖。清光绪三十二年（1906年）劝学所成立以后，由劝学所统管。私立小学隶属于自治机构校董事会管理。小学堂设堂长一人，职能主要是主持全校教育以及督率堂内教员及董事司事。承德市的公立小学归政府管理，劝学所和私立小学由董事会自行管理。①

民国初期，各个小学堂统一改名为小学，设校长一人，管理学校的行政与教学。日伪统治时期，小学的管理体制基本沿袭旧制，但日本侵略者加强对各校的控制，小学由伪县教育局领导，到后期，有些学校设日本人充任的副校长或派进日本教员，实际由他们主宰学校的一切。抗日战争胜利后，实行校长负责制，各小学归市社会局领导。国民党统治时期，承德县除设教育科管理小学教育外，各小学接受各自所在镇或保的管理，实行校长负责制，学校除校长外，还设有教务、训育、事务三处。1948年，承德第二次解放后，全市各小学除育才完全小学（后改名为德汇门小学）由热河省教育厅直接管理外，其他学校均由市教育局管理。② 在教育管理机构上，主要经历了从劝学所到教育局、教育股，再到教育局、教育科的变化。清宣统元年（1909年）七月，平县劝学所成立。劝学所设劝学总董一人、书记员一人，总理全县教育行政。民国二年（1913年）十二月一日，县知事委任县视学一人，受县知事监督查办学务。民国五年十二月一日（1916年12月1日），分区督导管理教育事宜。民国十五年一月一日（1926

①② 承德市地方志编纂委员会．承德市志［M］．北京：新华出版社，2009：1320．

年1月1日），劝学所改为教育局，并执行县教育规程，另设县视学一人、事务员两人。民国十九年一月一日（1930年1月1日），县教育局设学校教育和社会教育两个股，每股委任主任一人，股员两人。民国二十五年十月（1936年10月）撤销教育局，设教育股，设股长一人、股员两人、县督学一人。1946年，教育局恢复。1947年，教育局改为教育科。①

四、冀中地区

（一）廊坊市

清朝时期，各地建立劝学所管理学校事务。例如，清光绪二十四年（1898年），香河县建立了劝学所，此后各县都开始建立。劝学所由劝学长和劝学员组成，负责县内的教育行政工作。②

民国时期，各县设立教育科管理学校事务。民国元年（1912年），各县取消劝学所，开始建立教育科。民国十四年（1925年），教育科改为教育局，内设局长、督学、科员、文书或教育委员。县内划分学区，区内设有教育助理，各村设有教育委员。抗日战争时期，各县抗日民主政府和伪政府都设有教育科。③

（二）衡水市

在教学管理上，较为注重教员的专业素质，清末时期，很多地方没有设置专门的教研机构。比如饶阳县的学校没有专门的教研机构，塾师讲课，各行其是，一般只读不讲，学生对学习内容

---

①　河北省滦平县地方志编纂委员会. 滦平县志［M］. 沈阳：辽海出版社，1997：785.

②③　廊坊市志编修委员会. 廊坊市志［M］. 北京：方志出版社，2001：1687.

毫不理解，只能死记硬背。① 民国前期和中期，教育局为提高教员的文化素质和业务水平，每年在县城召开一次教员讲习会，培训在职教员。②

在教育机构管理上，民国十六年（1927 年）废除劝学所，改设教育局，这时小学教育中的教员是由局长任免的。民国十八年（1929 年），县政府设教育科，由教育科专门对学校教育工作进行管理。③

（三）沧州市

清末时期，由于废除了科举，在教育管理方面也发生了巨大变化，学制发生了变更，撤销了儒学官吏，开设了教育机关专办学务。小学逐渐增多，私塾渐渐减少，学风发生了改变，教育经费也增加了。

在管理机构方面，明清两朝，河间及各州县以教授、学正、教谕为地方教育行政长官。清末废科举办学校，府州县设劝学所，各设所长一人，劝学员数人，负责兴办学校。民国十二年（1923 年），各县撤销劝学所，改称教育局，下设视学（后改督学），负责巡视地方学务。民国二十一年（1932 年），教育局增设社会教育科，设社会教育专员。

民国二十七年（1938 年）以后，冀南区第六专署，冀中区第一、第三专署相继设立教育科，各县抗日民主政府设教育（文教

---

① 饶阳县地方志编纂委员会．饶阳县志［M］．北京：方志出版社，1998：578.

② 河北省冀县地方志编纂委员会．冀县志［M］．北京：中国科学技术出版社，1993：620.

③ 枣强县地方志编纂委员会．枣强县志［M］．北京：文化艺术出版社，1994：667.

政教）科，负责教育工作。民国二十九年（1940 年），冀中区第一、第三专署合并为冀中区第九专署，设教育科。民国三十年（1941 年），冀南区第六专署改称一专署。民国三十二年（1943年），由于斗争环境更为残酷，实行"精兵简政"，各专署民政科与教育科合并为民教科。民国三十三年（1944 年），渤海区一专署设教育科。1949 年 8 月，沧县行政专员公署成立，设教育科。各县设教育科或文教科。①

在学校管理方面，清末，各中学及高等小学堂设堂长和学监，学监由教员兼充。民国初期，学校由校长、校监负责，随后又增设教导处、教育处和教务处。各县立小学设校长、教务主任和训育员。私立小学的管理机构称为校会，各类小学均受劝学所、教育局（科）直接领导。校长由省教育厅委任。抗日战争时期，根据地创办的各种类型学校，均在专署、县抗日政府的领导下，由校长专职或兼职管理校务。民国三十四年（1945 年）以后，部分国民党控制区中心国民学校的校长由国民党县政府委任。中心国民学校对国民学校有辅导教育教学的任务。公立学校实行政府领导下的校长负责制，私立学校实行校董领导下的校长负责制。②

（四）石家庄市

在幼儿园行政管理上，"民国初期，元氏没有幼儿教育专门管理机构，县立女子小学校附设的幼儿班由学校领导管理。抗日战争时期，抗日民主政府由妇救会主管幼儿教育事宜，具体工作由各村镇妇女干部负责。新中国成立后，农村幼儿园（托儿所）由

---

① 《沧州市志》编纂委员会．沧州市志［M］．北京：方志出版社，2006：2357.
② 《沧州市志》编纂委员会．沧州市志［M］．北京：方志出版社，2006：2358.

县妇联会负责组织管理，文教科负责幼儿教师的业务指导，卫生科负责幼儿卫生保健"。在经费方面，抗日战争期间及中华人民共和国成立初期，农村幼儿教育作为福利事业，一切经费支出由县妇联会负责筹措。①

在中小学的管理上，清光绪二十八年（1902 年）正定知府创办正定府中学堂，为学堂总办，负责管理教学等各项事宜。民国元年（1912 年），受新思想影响，倡导学堂改为学校，正定府中学堂改为省立第七中学，变为受省教育厅直接领导。后各县设立视学和督学，用于督导全县的教育。抗日战争时期，幼儿园小学都受到了重创，大部分日伪军侵占区的小学受日伪军的管理和领导。抗日根据地的小学受共产党和当地教育部门统一管理。1944 年，成立石门市立中学，由伪石门市公署教育科领导，报省备案；市立小学由伪市教育科管理。私立中小学由学校董事会管理，实行校会领导下的校长负责制。② 学校管理逐步走向现代化。1947 年，石家庄解放初期，教育秩序一片混乱，省政府尚未成立，教育部门也没有设立，中小学皆由市教育局先行管理。

（五）保定市

在管理机构上，易州设州学始于隋代，州学设学政、训导等官员掌管教育，办理招考等事宜，清末改州学、义学及私塾为新学堂。民国二年（1913 年），县署始设教育科，管理教育。民国五年（1916 年），县教育科下设劝学所，负责改造私塾为小学等事宜。民国十五年（1926 年），教育科改为教育局，民国二十七年

---

① 元氏县教育局. 元氏县教育志 [M]. 保定：河北大学出版社，2011：52 – 53.
② 石家庄市市志编纂委员会. 石家庄市志：第五卷 [M]. 北京：中国社会出版社，1999：103.

（1938 年），易县成立抗日民主政府，县设教育科，区设教育助理。①

在学校管理上，清末，保定各小学分为官立、公立、私立和客籍小学几种类型。官立小学又有省立、府立、县立之分。小学设监督（后称堂长）一人，总管全堂学务。直隶女学堂和直隶高等学堂附属小学堂等隶属省学务处领导，规模较大，另设监学一人，协助监督管理教学工作。府、县小学堂隶属于府、县劝学所。公、私立小学及私塾，也归劝学所统一管理，客籍小学业务上由地方代管。民国时期，小学有国立、公立、私立三类。国立含省立、县立两种，省立直属省教育厅领导，县立小学由县行政长官和劝学所、教育科或教育局掌管。公立、私立小学也由县教育行政部门管理和监督。每所小学设校长一人，负责本校校务。国立小学校长下设教务主任一人、训育主任一人，他们秉承校长旨意主持教务和训育工作。公立小学一般设有校董会，由校董推举校长一人管理校务。私立小学则由办学者自己管理，或委托他人代管。② 图 2 – 10 为建于 1909 年的直隶第二初级师范学堂大门。

在管理体制上，民国元年（1912 年），管理体制基本沿袭晚清旧制。民国五年（1916 年），初等小学堂改称国民学校，经县知事批准，在城镇乡村设立；高等小学堂有县立、区立之分，县立的直属县公署，区立的归区董掌管。民国十二年（1923 年），县教育局设教育董事会，负责审议教学计划、经费预结算等事项。教育局直接管理县立学校，并督导区、乡、村教育董事会和各校的教

---

① 易县志编纂委员会. 易县志 [M]. 北京：中央编译出版社，2000：940.
② 河北省保定市地方志编纂委员会. 保定市志：第四册 [M]. 北京：方志出版社，1999：25 – 26.

育工作。抗日战争和解放战争期间，定南、定北两县的教育科，直接管理高级小学，初级小学由区、村负责。①

图 2-10　建于 1909 年的直隶第二初级师范学堂大门②

①　定州市地方志编纂委员会．定州市志［M］．北京：中国城市出版社，1998：870.

②　保定读本编辑委员会．保定读本［M］．北京：中国文史出版社，2009：244.

第三章 天津蒙学发展概况

第一节 天津近现代蒙学的职能

在天津地区，蒙学的主要职能是开展启蒙教育，促进知识和道德水平的提升；践行教育救国思想，挽救国家危亡；普及儿童教育。

一、发挥启蒙教育的作用

清代的官学系统主要通过设置社学和义学（义塾）开展蒙学教育。社学设置在乡社中，也是乡村小学，到了晚清前期，天津社学早已停废，天津的官学系统主要通过义学对儿童进行启蒙教育。义学即天津的地方教育机构，其任务在于教学生读书、写字、认字和算术。义塾分为总塾和分塾两级，总塾招收出身贫寒的、已经能够作应试文的学生；分塾同样招收贫寒幼童，分塾的学生能作应试文时可入总塾学习。同治、光绪年间，天津所存总塾共五处，分塾二十处，总塾、分塾招收学生皆有定额，但具体额数说法不一，《证学编》中记载为二十人，《津门杂记》中记载为十六人，但总体上看，招收人数不多，且都兴废无常。① 后来随着新学的兴起，这些义塾逐渐被新式学堂所取代。

民间的蒙学教育主要由遍布天津城乡的塾馆来承担，塾馆因资金来源的不同，可分为家塾（家馆）、私塾（书馆）和村塾（乡塾），都为儿童的启蒙教育服务。家塾由大姓家族设立，聘请品行端正的名师教授本家族子弟或亲友子弟，如清光绪十五年（1889 年）灰堆张氏家族设立的"张氏家塾"，1898 年严修设立的"严氏家塾"以及光绪二十八年（1902 年）设立的"严氏女塾"等。私塾是由塾师本人在其家中或另选别地所设立的塾馆，主要接收私塾附近的儿童，经费和教师工资由学费决定，学费多少则按学生就读程度而定，因此私塾的规模可大可小，并不固定，学生的年龄大小不一，如张子养在北塘开设的私塾和王丕荣在贺家口开设的私塾等都属于这一类。村塾是以村为单位集资，在寺庙等公共场地设置的塾馆，凡是本村村民的子弟都可入学。总之，塾馆对天津地区平民子弟的蒙学教育起到了至关重要的作用，一些学生在塾馆读上三四年书就能够胜任一些基本的工作，还有一些富裕的家庭通过塾师的精心栽培走上了仕途。

在兴建民办学堂的同时，设置官立小学堂的工作也提上了日程。清光绪二十九年（1903 年），天津知府凌福彭、知县唐则瑉请严修主持创办官立小学堂，经费由运署负责筹集。同年夏，官立两等小学堂成立，之后，官立督署两等小学堂、官立模范两等小学堂等纷纷创立。至宣统三年（1911 年），天津官立小学堂数量达

---

① 天津市地方志编修委员会. 天津通志：基础教育志［M］. 天津：天津社会科学院出版社，2000：110.

二十多所。

天津幼儿教育机构的创设始于严修在清光绪三十一年（1905年）创办的严氏蒙养院，在此之前，虽有太平庄堂分设的"慈幼所"和"蒙养所"等近似幼儿教育机构的组织，但这些组织重"养"，辅佐家庭教育，只能说是天津幼儿教育的萌芽。严氏蒙养院随严式保姆讲习所成立，是保姆实习的场所，主要招收四至六岁的儿童，儿童主要是家族中或邻居、亲友的子女。受《奏定学堂章程》"蒙养家教合一"宗旨的影响，天津的蒙养院大多附设在其他学校和机构之下或是以私立形式建立，如：光绪三十一年（1905年），严氏蒙养院附设在严氏保姆讲习所下；光绪三十二年（1906年），普育中学增设蒙养院；同年，长芦育婴堂成立，堂内附设蒙养院；光绪三十四年（1908年），官立第五小学附设蒙养院；宣统元年（1909年），直隶提学史在其私宅内设置卢氏蒙养院。总的来说，至宣统三年（1911年）清朝灭亡，天津地区蒙养院的数量屈指可数。

中华民国成立后，初等小学堂改为初等小学校。民国四年（1915年）又改称国民学校，修业年限为四年。小学教育的宗旨即为开展启蒙教育，促进儿童身心发育，培养国民道德的基础和传授生活的知识技能。

二、践行教育救国的思想

中日甲午战争中中国战败，中国签订了丧权辱国的《马关条约》，加速了帝国主义瓜分中国的步伐。国难当头，教育救国的思想深入人心，维新派立即发起了变法维新的政治运动。在维新运动的影响下，教育被看作国家富强的根本，这使得兴办教育的思想深入人心，天津的新式学校陆续建立。戊戌变法时期，光绪帝谕内阁"即将各省府厅州县现有之大小书院，一律改为兼学中学西学之学校，至于学校等级，自应以省会之大书院为高等学，郡城之书院为中等学，州县之书院为小学"。① 自此，全国掀起了兴办新学的潮流。光绪二十四年（1898 年）冬，严修在其宅舍内建立"严氏家塾"（见图 3 - 1），聘请北洋水师学堂毕业生张伯苓来塾任教，教授数理化以及外语等科目，严氏家塾的新式教育与旧塾馆教育截然不同。

图 3 - 1　严氏家塾②

光绪二十八年（1902 年），严修赴日本考察，认为中国要富强就必须普及教育，开办新式学校，是年便与林墨青等人创办了天津民立第一小学堂。同年年底，林墨青等人又创立了天津民立第

---

① 舒新城. 中国近代教育史资料 [M]. 北京：人民教育出版社，1981：82.
② 龚克. 南开大学史话 [M]. 北京：中国社会科学院出版社，2016：2.

二小学堂，这两所小学堂的建立是天津兴办新式小学堂的开始。在严、林二人的大力倡导下，天津兴学之风大增，各类民办私立学堂如雨后春笋一般纷纷成立。至宣统三年（1911年），天津市内民立、私立两等小学堂和初等小学堂多达六十多所。图3-2为天津民立第一小学堂师生合影（1903年）。

图3-2　天津民立第一小学堂师生合影（1903年）①

中华民国成立后，政府十分支持教育救国的主张，不但兴办小学校，而且教育部颁布相关政策以规范小学的教育教学，如《小学暂行条例》《小学法》等。在国民党统治天津期间，小学教育与三民主义紧紧联系在一起，天津教育行政当局深入贯彻三民主义教育原则，具体体现在：通过讲解时事、历史、地理等，启发儿童爱民族、爱国家的精神；将训育与课程结合，将家庭、学校、社会联结起来等。

---

①　张绍祖. 近代天津教育图志［M］. 天津：天津古籍出版社，2013：316.

三、普及儿童教育的主张

清光绪二十八年至宣统三年（1902—1911 年），天津兴起过一段"废庙兴学"的浪潮。当时，官绅合力，利用寺院创办的学堂多达一百五十六所，所建学校数量在全国名列前茅。虽然清末小学堂的教育思想仍以封建道德为主体，向学生灌输"明人伦""忠孝为本"的儒家思想，但小学堂的广泛修建使兴办教育的思想深入人心，为进一步普及儿童教育打下了良好的基础。

民国政府成立后，许多面向劳动者子女的平民小学校纷纷建立，这在很大程度上缓解了天津地区普通民众子女无学可入的问题。民国六年（1917 年），黎元洪在北塘广慧寺院内捐资创办了一所半日小学校，专门招收穷人子弟，不收学费。民国七年（1918 年），天津创建了一所北洋纱厂子弟小学，专门招收纱厂职工子女，今为杨庄子小学。同年，交通部铁路同人教育会创办扶轮小学校，该校还设立了分校，主要招收铁路职工子女。此外，还有寨上完全小学、大佛寺小学等。

民国十七年（1928 年），国民革命军北伐至华北地区，北洋军阀政权垮台。同年，天津设立天津特别市，到民国二十八年（1939 年），小学教育发展迅速，当时官立男女学校及公立小学，以数为序排到第四十九中学，私立小学数量也有百余个。这些小学多为平民小学，招收本地居民适龄子女入学。

抗日战争胜利后，市立小学恢复"国民学校"的旧称，私立小学称为"小学校"。当时，天津作为国统区，受严重政治危机和经济危机的影响，物价增长使小学的学费狂涨，失学儿童大幅增加，儿童教育的普及受到极大阻碍。

第二节　天津近现代蒙学的课程

天津是近代以来开放较早的商埠，其课程的近代化和现代化特征也相对来说较为明显，整体来看，天津近现代蒙学课程有以下几个特点：注重知识技能教育、注重国民道德教育、注重儿童体育教育。

一、注重知识技能教育

清末的教育主要以封建思想道德教育为主体，通过设置修身、史学、读经等课程向学生灌输传统的儒家思想。私塾教育注重识字，课程主要是读书和习字。读书以读"四书五经"为主，习字是私塾的一项基本训练，学生每日要用毛笔写字，字分为大楷和小楷。私塾对习字的要求十分严格，习字前要描红，当时天津坊间出售以红色字模印制而成的习字帖，描红之后再进行临帖，教师对儿童所习之字要当天批改。① 塾馆内的课程不是统一的，因人、因地、因时而异，如严修创设的"严氏女塾"学习西式学堂，除了设置一些传统课程，还设立了英文、音乐、体育等课程。

民国成立后，小学作为基础教育，主要以传授基础知识技能为目标。1902 年，天津民立第一、第二小学堂初建时，正值《钦定小学堂章程》颁布，该章程规定小学堂的宗旨在于"授以道德

---

① 天津市地方志编修委员会. 天津通志：基础教育志［M］. 天津：天津社会科学院出版社，2000：112.

知识及一切有益身体之事"。① 初小课程包括修身、读经、作文、习字、史学、舆地、算学、体操共八门课程,《钦定小学堂章程》虽未实施,但重视知识教育的教育取向已见苗头。1903 年,《奏定初等小学堂章程》设置初等小学堂课程共十门,与《钦定小学堂章程》的课程设置大体相同,增加了格致、图画、手工。高小阶段,还增设了农业、商业,可见对基础知识教育的重视。此外,体育教育也是正式的课程,但主要是学习德国式的体操。自民国元年至中华人民共和国成立,小学教育课程先后经过十几次变革,知识技能教育始终排在课程的首位。国文、算学、社会、历史、地理、图画等课程的设立,都是为促进儿童初步的生活知识和技能的养成,从而适应实际生活的需要。

二、注重国民道德教育

旧式私塾教育其实就是一种道德教育,注重节俭、孝悌等,多以儒家思想为主,辅以佛家、道家的思想。在私塾课程中,除了学习"四书五经",也包括传统的道德教育课程。清末,严修、林墨青等人创办的新式学堂也十分重视道德规范课程,修身、读经是新式学堂的必修科。其中,修身作为道德教育课程,直到1923 年《新学制课程标准纲要》颁布才被其他课程取代。

民国成立初期,道德类课程沿袭了清末新式学堂的修身课程,同时,学生通过学习历史、地理、时事等课程形成爱民族、爱国家的精神。1931 年,《三民主义教育实施原则》颁布后,道德教育

---

① 舒新城. 中国近代教育史资料:中册 [M]. 北京:人民教育出版社,1981:400.

与三民主义紧紧联系到一起。早在 1928 年，《小学暂行条例》就设置了三民主义课程和公民课程，后来这些课程被公民训练课程、党义课程所取代。公民训练课程通俗来讲就是德育课程，其目的在于培养儿童公民道德和公民基本行为习惯，使儿童了解公民基本道德观念等，使之适应社会。

三、注重儿童体育教育

旧式塾馆教育没有体育课程，但科举分文举和武举。武举同样分术科和学科两类，术科包括弓、刀、石、马、步、箭，学科则包括论、策，考试以术科为主。维新变法后，《奏定学堂章程》设置体操课，旨在强健幼儿的身体。

民国政府成立后，1928 年颁布的《小学暂行条例》提出要按照儿童身心发展的规律开展教育，主张身体和心理的教育。1923 年《新学制课程标准纲要》颁布前，儿童体育课程为体操课，1923 年改为体育课。体育课程设置的目的除强身健体，还包括使儿童适应社会生活和增进国民生产力。1932 年颁布的《小学课程标准》增加了劳作课程，主要通过游戏运动、学校卫生以及课外作业的教导养成儿童对劳动的兴趣以及生产的观念。

第三节　天津近现代蒙学的教材

天津自古便是求学问、育英才的福地。明清时期，盛行"义学""五经馆"与"私塾"，其所用教材多为"三百千"与"四书"，这些教材集知识学习、品德养成于一体，适合儿童发展特点，颇受重视。随时代发展，教材逐渐向现代化转型，出现一系列自编教材、统一教材，下面将介绍天津近现代蒙学教材的特点。

一、知识学习与品德培养结合

晚清前期，义学与城乡的塾馆主要以《三字经》《百家姓》《千字文》（"三百千"）以及《大学》《中庸》《论语》《孟子》（"四书"）为教材。女生则读《女儿经》。学童读毕上述教材后，预备进入士族的，则加读《诗经》《尚书》《礼记》《周易》《春秋》（"五经"）及《千家诗》；不预备加入士族阶层的则加读《幼学琼林》以及各种实用杂字。① 塾馆的教材并不固定，因塾馆、塾师而异，但总体呈现出知识学习与品德培养相结合的模式。《三字经》《百家姓》《千字文》具有较强的知识性，"四书"侧重对学生品德的培养。

民国建立后，天津各校多使用国民政府出版的新教科书②，教材由国内一流教育学者编撰，教育部审核批准。1912 年商务印书馆出版的《共和国教科书新国文》通过选取一些有教育意义的故事进行三民主义思想道德教育，培养学生爱国精神和进取意识，此外，关于道德教育的课文也颇多，如《朋友》《孝亲》《勿贪多》等。1929 年，国民政府颁布的教育宗旨及小学教育实施的方针是："普通教育，须根据总理（孙中山）遗教，以陶融儿童及青年忠孝仁爱信义和平之国民道德，并养成国民之生活技能，增进

---

① 天津市地方志编修委员会. 天津通志：基础教育志［M］. 天津：天津社会科学院出版社，2000：111 - 112.

② 天津市地方志编修委员会. 天津通志：基础教育志［M］. 天津：天津社会科学院出版社，2000：151.

国民之生产能力为主要目的。"①

图3－3为广北小学教师孙乃编写的《经训教科书》。

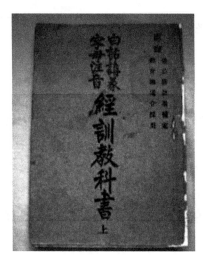

图3－3　广北小学教师孙乃编写的《经训教科书》②

二、适合儿童的心理发展特点

清末虽没有系统的心理学知识，但传统蒙学教材非常注重儿童心理发展的特点，主要体现在蒙学教材的具体形象与贴近生活上，各蒙学教材多以民间故事、典型人物事件为主要内容。例如，《三字经》作为传统启蒙教材之一，是最为浅显易懂的读物，内容包括生活常识、历史故事、民间传说等，这些故事教给儿童做人

---

① 天津市地方志编修委员会. 天津通志：基础教育志［M］. 天津：天津社会科学院出版社，2000：144.

② 张绍祖. 近代天津教育图志［M］. 天津：天津古籍出版社，2013：741.

做事的道理，具有丰富的内涵。兴办新式学堂后，一些新开办的理科课程国内没有现成的教材，不得不翻译国外教材，而这些翻译过来的教材由于没有规范，市场上的教材质量参差不齐，往往不符合中国的国情和儿童发展的特点。

民国时期教材适合儿童心理发展的特点主要表现在两方面，一是教材贴近儿童生活，二是教材的内容符合儿童兴趣。1912 年，商务印书馆《编辑共和国小学教科书的缘起》一文明确提出了编辑教科书的要求："注重国民生活上之知识与技能，以养成独立自营之能力。"① 这一时期的教材内容大多来源于儿童的生活，通过一些生活常识而不是空洞的道理进行教育，如课文《勿戏火》教导儿童不能玩火，一旦玩火，小则容易灼伤皮肤，大则甚至烧毁房屋。同时，受实用主义教育思想的影响，这一时期的教材开始将知识与儿童的兴趣结合到一起。例如，学界曾出现过针对小学低年级科学教材兴废与否的争论，主张废除的教育学者认为科学教材质量堪忧，加之教师教法不当，理应废除；主张采用科学教材的学者认为应改善教材，使其适合儿童的认知，如低年级儿童的教材可以多用儿童感兴趣的图画等。

幼稚园的教材同样由天津市教育局幼稚园小学具体课程编订委员会编写②，教材的内容偏向描写教学活动，注重幼儿道德情感和技能的培养。幼稚园逐渐把游戏活动作为幼儿教育的基础。1931 年制定的《天津市小学校公民训练实施方案》在一年级教材中有关强健的、清洁的、快乐的、活泼的、勤勉的、精细的、诚

① 编辑共和国小学教科书的缘起 [J]. 教育杂志, 1912 (4).
② 天津市地方志编修委员会. 天津通志：基础教育志 [M]. 天津：天津社会科学院出版社, 2000：159.

实的、亲爱的、礼貌的、重公益的和节俭的教育内容都比较丰富。① 受到西方教育思想的影响，游戏与生活教育逐渐成为幼儿教材的主要内容，更加符合幼儿的发展。图 3－4 为天津市教育局审定的乡土小学教材。

图 3－ 4　天津市教育局审定的乡土小学教材②

三、切合国情与适应社会发展

新式学堂兴起后，传统蒙学教育向现代教育转型，市面上涌现出大量自编教材，自编教材兴起之初，由于缺乏规范，教材质量往往不能得到保障。随着教材出版规范和标准的确定，教材的内容逐渐切合本国国情和社会发展，质量有所提高。切合本国国

①　天津市地方志编修委员会．天津通志：基础教育志［M］．天津：天津社会科学院出版社，2000：159.

②　张绍祖．近代天津教育图志［M］．天津：天津古籍出版社，2013：741.

情是针对内容而言的，包括对传统蒙学教材取其精华去其糟粕，选取国民革命故事，插图适合地域环境，提倡白话文、工农运动、平等互助等。五四运动时期，白话文运动促进了教科书改革，天津小学一、二年级的国文都改成了国语。促进社会发展是针对目的而言的，具体体现在教科书内容与时代相结合，使儿童学习基本知识技能以适应社会生活，形成爱国家、爱民族的爱国精神。天津建市后和国民党统治天津期间，天津教育行政当局将三民主义作为教育的指导思想，教科书内容符合国民革命精神，小学国语教科书多选取孙中山等革命党人事迹和国民革命故事，加之历史、地理、时事的讲解以激发儿童的爱国精神。图3-5为天津蔚文书局印行的《通俗白话尺牍》。

图3-5　天津蔚文书局印行的《通俗白话尺牍》①

① 张绍祖. 近代天津教育图志［M］. 天津：天津古籍出版社，2013：741.

第四节　天津近现代蒙学的教法

天津位于华北平原东北部，西临北京，东临渤海，有其独特的地理位置和人文环境。得天独厚的地理位置和文化氛围使天津的蒙学教育也显示出其特色，即重视发挥教师的引导作用，坚持以儿童为本，表现出对儿童主体地位的尊重；引入并改良西方教学方法使之本土化，逐渐形成符合当时当地蒙学教育的方法。

一、坚持儿童为本的教学原则

以儿童为本就是尊重儿童，在教育中充分发挥儿童的主体性地位，根据儿童的发展特点与兴趣来开展教学活动，这种教学原则的形成经历了一个发展变化的过程。晚清塾馆教育沿袭了封建教育的固有方式，采取单个教学法，注重读、背、写的注入式教学。学生请塾师用红笔点读教书后，学生自读背诵，塾师检查其背诵效果，学生背熟后，塾师再逐字逐句讲解，然后再综合讲述文章大意。[①] 这种教学方法以教师为中心，塾馆改为新式学堂后，西方近代教学方法引入中国，灌输式的单一教学法逐渐被其他教学方法取代。

赫尔巴特五段教学法是最早引入国内的国外教学方法，以较强的可操作性较好地解决了以班级为单位集体授课的问题，满足

---

① 天津市地方志编修委员会．天津通志：基础教育志 ［M］．天津：天津社会科学院出版社，2000：112．

了清末普及教育的需要。然而，五段教学法自身的缺陷和国人的刻板使用，使之逐渐走回注入式教学的老路，小学课堂缺乏活力。于是，各个学校开始进行教学方法改革，自学辅导法、分组教学法、设计教学法等教学方法逐渐被引入小学课堂，以儿童为中心的教学方法盛行开来。自学辅导法的核心是让学生自学，遇到困难时教师加以指导；分组教学法将学生按能力分成不同的组，教师根据学生不同水平分组讲授；设计教学法主张废除班级授课制，学生自主确定学习目的和内容，这些都是反对教师本位、主张以学生为中心的教学方法。

幼儿教育方面，清末蒙养院教育主要遵循"蒙养家教合一"的宗旨，对儿童进行"保育教导"。①"保育教导"主要通过游戏、歌谣、谈话和手技的方法进行，坚持以儿童为中心开展活动的原则。但蒙养院的教育教学受西方文化的影响较大，甚至是直接照搬西方教学模式。例如，严氏蒙养院内唱的歌谣主要是由日文材料翻译过来的，内容大多是动植物、自然现象等，有一些是日本留学生翻译的，还有一些是严修之子严智崇翻译的。教师也会讲一些寓言故事给孩子们听，如日本桃太郎的故事、西游记的片段和龟兔赛跑的故事等。严氏蒙养院有一些简单的玩具设备和户外锻炼身体用的器械，如秋千、拔河用的布绳、投篮用的自制红白线球、玩猫和老鼠游戏的铃铛串等。孩子们也会玩一些表演性的游戏，如猫捉老鼠、老鹰捉小鸡、池子里的蛤蟆等。手工活动主要有折纸、剪纸、黏土、画画等，孩子们有剪刀、木盒子、图画

---

① "保育教导"一词来源于《奏定蒙养院章程及家庭教育法章程》，该章程解释道："外国所谓保育，即系教导之义，非仅长养爱护之谓也。兹故并加'教导'二字以明之。"

笔等材料。此外，蒙养院内也有一些"恩物"，如七巧板、成盒的积木、不同长短的竹棍等，这些都是从西方引进的教学方法。蒙养院改为幼稚园后，福禄贝尔教学法、蒙台梭利教学法逐渐普及起来。福禄贝尔教学法把游戏活动作为幼儿活动的基础；蒙台梭利教学法主张教师制作各种感官练习教具，使幼儿通过感官练习和自由活动学习知识。这些教学方法都尊重了儿童在活动中的主体性，强调了儿童的兴趣和活动应与生活相联系等，虽然受到教育现实的制约，实践成效有限，但在一定程度上撼动了传统的教学思想，打破了教师主导教学的局面。自此，坚持儿童为本的教学原则逐渐成为蒙养教育的核心原则。

二、积极发挥教师的引导作用

教学方法受到教育理念的影响。旧式教育的课堂以教师为中心，深受传统教育"重理念、轻实践"的观念影响。新式学堂兴起后，"教学做合一"的生活教育理念逐渐成为幼儿教育的共识，如陶行知所说："教的方法根据学的方法，学的方法根据做的方法。事情怎样做便怎样学，怎样学便怎样教。教与学都以做为中心。在做上教的是先生，在做上学的是学生。在这个定义下，先生与学生失去了通常的严格的区别，在做上相教相学倒成了人生普遍的现象。"① 当"做"成了教学的中心时，教师的作用自然而然地从教授变成了引导。不论是福禄贝尔教学法、蒙台梭利教学法，还是分组教学法、设计教学法都是以教师的计划为前提，教

① 华中师范学院教育科学研究所. 陶行知全集：第二卷［M］. 长沙：湖南教育出版社，1985：289.

师安排教学活动所需要的材料，为学生营造探索学习的环境，学生在这个环境中探索、发现、创造，教师起组织、帮助的作用。

针对不同的学科，教师的引导方式也各有不同。例如，针对国语课程，教师常通过实施自学辅导法，让学生默读、速读、朗读课文，培养学生自学能力和阅读能力；针对复杂的算学课程，教师根据内容灵活运用图解法、五段教学法、自学辅导法、设计教学法等，或教师选取生活化和具体化的材料作为教具，激发儿童学习兴趣，增强儿童自信心和求索的科学精神；针对修身课程，教师多用问题设计式的单元教学，即选择一个与生活相关的问题作为单元教学的内容，问题的设计蕴含多学科的答案，问题可以从学生关注的事物出发，也可以是生活中常见的问题。总之，教师从课堂的指挥者变成参与者，与学生共同面临学习问题，以身临其境地想学生之所想，从而引导儿童，不再是居高临下式的教学。

三、加快教学方法本土化进程

随着西方教学方法的引入，中西方教育观念产生了激烈的碰撞。在摸索中前进的中国教育曾生搬硬套从西方引入的教育内容和教学方法，实践证明，全盘西化的教育没有未来，教学方法必须进行本土化改良。以陈鹤琴、张雪门、陶行知为首的教育家认识到国内教育"外国化"的问题十分严重，纷纷呼吁探讨形成适合中国国情的教学方法。

早在清末，严修、林墨青、刘宝慈等人在津创办新学之时，他们就将引进的教学方法进行了本土化的改良以迎合知识教育的需要。1928 年，张伯苓赴美考察教育，与克伯屈（William Heard

Kilpatrick）研讨设计教学法，并商定在津开办小学进行实验。同年秋，南开学校增设小学部，开展设计教学法实验。南开小学校舍和环境较好，故在学校里设置"学生储蓄所"和"小卖店"等设施，以利于学生认识社会。① 在南开小学开展的设计教学法实验，其实是一次西方教学方法与中国传统教学方法的碰撞，设计教学法与南开小学特定的物质文化背景相结合，起到了提高学生文化素养的功能。此外，天津各小学在创办初期十分重视知识教育，很少开展课外活动，实用主义教育思想引入后，课外活动受到重视，教师将各种教学方法融合，让课外活动内容与生活实践相结合。例如，通过组织学生养蚕让学生认识丝的形成；通过救火演习学习救火知识和急救常识等。全盘西化的局面得到了纠正。

第五节　天津近现代蒙学的管理

　　天津开埠通商后，天津逐渐成为北方最大的通商口岸，同时也是晚清洋务运动、维新运动、清末新政开展的重要地区之一，蒙学的管理也较为系统化、规范化。近现代以来，天津市的蒙学管理行政组织体系趋于稳定，行政管理制度逐渐规范，开始基于调查完善管理工作。

---

　　① 天津市地方志编修委员会．天津通志：基础教育志［M］．天津：天津社会科学院出版社，2000：151－152．

一、行政组织体系趋于稳定

晚清前期，天津官办的义学由官府设置，建成后由学官督查。义学属于官办性质，校内各项事务都由地方官员负责，如入学考察、教师管理、成绩考核等。城乡的各类塾馆在管理上没有严格的组织管理制度。由于塾馆内一般只有一个塾师，而学生的年龄、学习程度各不相同，塾师无教学计划和教学进度。一般私塾的大小事务都由塾师一人完成，家塾、村塾的事务由家族中和村中的相关负责人管理。

1904 年颁布的《奏定学堂章程》规定蒙养院中设置院董一人，负责管理院中一切事务，司事酌情设置。蒙养院若是官立，院董、司事由官选派；若是乡村公立，由绅董负责，禀请地方官核定；若是私立可自主设置，但须禀地方官批准立案。然而，天津地区早期的蒙养院一般附设在其他教育机构下，或者由私人资助建立，并不具有独立地位，因此组织管理上相对随意。如西门里板桥胡同普育中学蒙养院是由普育中学校长温世霖的夫人安桐君担任院长①，虽然施行"院董制"，但 1911 年时，院内有职工两人，教养员两人，由于规模不大，院内幼儿不多，院内大小事宜都是大家商量着办。天津建市后，幼稚园的建立都须经过教育主管机构的审核，审核合格后才允许办学，幼稚园普遍采取"校董制"和"委员制"的管理模式。

民立新式小学堂创办伊始，堂内行政组织机构并不健全。天

---

①　天津市地方志编修委员会. 天津通志：基础教育志 [M]. 天津：天津社会科学院出版社，2000：155.

津民立第一、第二两等小学堂成立初期，学堂内既无校长，也无教员和职员之分，堂内事情由大家办，责任由大家负，经费由办学人自行负担或向社会募捐筹集。后来随着学堂规模扩大、数量增多，逐渐形成了"董事制"和"堂长制"两种管理体制。① 天津民立第一两等小学堂使用"董事制"，成立之初设五位董事，主要负责筹集经费，后来又设置了监督兼总教习、分教习、体操教习、收支司事；天津民立第二两等小学堂采用"堂长制"，建校时由胡家琦为堂长，由三位学校创办人筹集经费，基本与"董事制"的管理体制相同。②

　　1928 年天津被设立为特别市后，教育行政机关由劝学所改为天津特别市教育局，教育局负责管理行政区内的原官立小学堂，天津官立和私立小学堂在行政领导和组织上都趋于完善。根据天津市教育调查委员会在 1932 年 6 月的"学务调查"，当时天津各小学校的行政组织管理机构主要有三种类型，一是以天津第二小学为代表的"集权制"；二是以天津市第二十六小学为代表的"委员制"；三是以天津市第一小学为代表的"合议制"。③ 1937 年天津沦陷后，小学行政组织改变不大，校内领导权属于校长，校长全面负责学校工作。抗战胜利后，市立小学校行政组织机构可分为"集权制"和"分掌制"，但本质上都是校长责任制；私立小学校沿用"董事制"，并制定各种规章制度以加强学校管理。图 3 - 6 为天津府县劝学所。图 3 - 7 为 20 世纪 30 年代天津市教育局门景。

---

　　① 天津市地方志编修委员会. 天津通志：基础教育志 [M]. 天津：天津社会科学院出版社，2000：137.
　　②③ 天津市地方志编修委员会. 天津通志：基础教育志 [M]. 天津：天津社会科学院出版社，2000：138.

图 3 – 6　天津府县劝学所（天津官小学堂办公总处）①

图 3 – 7　20 世纪 30 年代天津市教育局门景②

①　张绍祖. 近代天津教育图志［M］. 天津：天津古籍出版社，2013：615.
②　张绍祖. 近代天津教育图志［M］. 天津：天津古籍出版社，2013：640.

二、行政管理制度逐渐规范

学校行政组织机构的完善同时也是行政管理制度的完善，二者是相互促进的关系。清末时期，小学校不但行政组织机构不健全，而且没有规章制度规范学校管理工作。1906 年，天津设劝学所，劝学所相当于教育局，统管小学校各项事宜。1928 年天津特别市成立后，教育局替代劝学所接管教育工作，教育行政制度逐渐规范起来，各小学校逐渐形成了以校长或校务行政委员会为领导的两种组织方式，对私立学校的管理也有了明确的规章制度。在中央层面，1929 年南京国民政府颁布《私立学校规程》以规范私立学校教学与管理；天津市则颁布《天津特别市教育局私立学校立案补充规程》，该规程规范了私立学校的办学标准。抗日战争时期，天津各小学行政组织系统改变不大，人事调动只是小幅调整。抗战胜利后，天津公立小学基本形成以校长为领导的管理方式，校内制定规章制度，学校日常管理工作按制度办事。与此同时，有些规模较大的私立学校，为了加强学校管理工作，制订了各种规章，如《董事会组织章程》《教职员会议章程》《学生会组织章程》等。① 图 3-8 为天津市教育局全局校职员合影。

然而，经济的凋敝、政局的动荡和繁杂的教育思想并没有使天津蒙学教育形成整体的、系统的教育政策，对教育工作者的规范也并不严格，一人身兼数职或一人管理不同学校的情况并不罕见。天津沦陷后，真正研究教育的人才并不多，教育行政机关和

---

① 天津市地方志编修委员会. 天津通志：基础教育志 [M]. 天津：天津社会科学院出版社，2000：143.

学校教职工的能力、学问、品行并不是用人的第一标准，任人唯亲、拉帮结派的情况常有，行政效率可想而知。此外，教师在校内的活动也时刻受到新民会①的监视和控制，天津沦陷期间，日伪当局强行在校内向儿童宣传"大东亚共荣圈"以及"中日亲善"，推行奴化教育，遭到了人们的抵制。

图3-8　天津市教育局全局校职员合影②

三、基于调查完善管理工作

　　清末，社会调查在中国兴起，针对教育开展的学务调查内容包括课程、教材、教师资质、学堂经费、校舍修建情况、学堂卫生等。学部是全国学务调查结果汇总的机构，为掌握各省教育发展状况，学部建立包括中央视学、省视学、县视学在内的由中央到地方的三级视学体制。③ 然而，清末时期的教育调查因其缺乏规

---

　　①　新民会是日本帝国主义侵略者在侵占我国华北时建立的反动组织，主要由华人组成，是一个汉奸聚集的政治组织。

　　②　张绍祖．近代天津教育图志［M］．天津：天津古籍出版社，2013：621．

　　③　关晓红．晚清学部研究［M］．广州：广东教育出版社，2000：131-143．

范性、科学性，并不能被称为现代意义上的教育调查。民国成立后，天津市建立了专门的教育调查委员会负责学务调查工作，开展有组织的、科学化的调查。学务调查的目的在于通过科学的测量手段探索教育本身的发展规律，掌握教育的发展状况，解决调查中已经发现的教育问题。1934 年，由国立北平师范大学研究所出版的《天津市小学教育之研究》记录了天津市小学校的教师资质、行政组织、学生成绩以及教育局和教育经费的情况等（如图 3 – 9 所示）。该研究为进一步完善学校行政组织系统、提高教育行政机构工作效率提供了现实依据和相关数据。教育调查的研究成果作为指导教育工作的重要依据，与教育学术研究建立了密不可分的联系。

图 3 – 9　国立北平师范大学研究所的教育专刊

《天津市小学教育之研究》①

① 张绍祖. 近代天津教育图志 [M]. 天津：天津古籍出版社，2013：732.

第四章　北京蒙学发展概况

北京是中国历史上定都时间较长、影响较大的地区，作为"首善"之地的北京，其教育事业虽未见得总是最先进的，但始终处于全国领头地位。[①] 本章将从北京近现代蒙学的职能、课程、教材、教法、管理等方面阐述北京蒙学的发展概况。

第一节　北京近现代蒙学的职能

北京近现代蒙学的职能指创办蒙学的目的抑或蒙学存在的价值，而教育目的、教育价值与教育制度之间又存在密切联系。近现代北京教育制度的不断变化使得北京地区蒙学的职能也在不断变化。从鸦片战争爆发到清朝覆亡的七十余年，是中国古代教育终结、近代教育诞生的新旧教育交替阶段。

一、晚清时期的北京蒙学职能

第一次鸦片战争是中国近代史的开端，鸦片战争之后清政府

被迫签订了一系列不平等条约，欧洲列强除了在经济、政治上取得特权之外，还通过教育手段在中国传播其文化思想，企图从思想上奴役中国。鸦片战争以后，北京蒙学的发展主要分为两个部分，其中一部分延续在旧时的地方义学教育之中，主要是为因家境贫寒而没有条件在普通学校就学的子弟提供学习的场所和机会。① 义学所教授的内容多为初级程度，即教授读书、习字等基础文化知识，主要包含启蒙教育、小学教育。在近代学制壬寅学制、癸卯学制颁布以前，北京地区的蒙学主要还是延续旧时封建教育，以传统的《三字经》《千字文》《百家姓》等为读物对四岁左右儿童进行开蒙教育，最终以参加科举考试，培养拥护清政府的人才为目的；后随着近代壬寅学制、癸卯学制颁布，北京地区蒙学在迎来三次兴办高潮后逐渐走向正轨，其主要办学目的是为国家培养新型实用性人才。

　　而另一部分则是西方传教士为传播其文化思想所创办的蒙学，主要目的是从思想上改变、奴役中国人民。第二次鸦片战争后，西方列强办学地点不再限于沿海城市，开始逐渐向内地延伸。育英和贝满是外国传教士在北京最早创办的两所学校。育英学堂又称"男蒙馆"，是西方传教士在北京开设的第一所学校；贝满女子学堂又称"女蒙堂"，是北京最早的一所女子学校。清同治六年（1867 年），美国公理会在通州（当时属直隶）城内北后街设立小学一所，后在光绪十九年（1893 年）扩充为"潞河书院"，该书院成为北京郊区最有影响力的学校。同治十年（1871 年），美国基督教卫理公会在崇文门内船板胡同设立蒙学馆。清同治十一年

---

① 汤世雄，俞启定．北京教育史［M］．北京：学苑出版社，2011：247．

（1872 年），美国美以美会在崇文门孝顺胡同设立女学堂，设蒙学、养正、成美、备学四馆，招收"十岁而不缠足"的女子入学，该校后来也成为北京一所著名的女子学校。这些由国外传教士所创办的学校主要是按照西方模式进行教育教学，其办学的主要目的是为传教服务，宗教课程和宗教活动是学校教育教学的核心，以培养信奉基督和掌握教义的下一代。

二、北洋军阀时期的北京蒙学职能

辛亥革命推翻了清王朝，颠覆了中国延续千年的封建帝制，中华民国成立后，民主、共和的公民教育取代了忠君专制的封建教育。但袁世凯窃取辛亥革命的成果，复辟帝制，掀起了尊孔复古的逆流。袁世凯死后，中国又陷入军阀混战的状态，政局动荡，教育的发展受到强烈干扰，运行艰难。与此同时，各种进步力量也在发展，新文化运动推动了教育的诸多改革，导致民国十一年（1922 年）新学制的颁布，至此，近代教育体系基本成型。以杜威为代表的实用主义教育思想传入中国，为教育改革注入了新的活力。北洋军阀时期，北京蒙学的职能随着教育方针的转变为以后现代幼儿教育的发展奠定了重要基础。

民国政府成立之后，教育政策和学制迎来新的改变。时任教育总长的蔡元培先生提出了"五育并举"的教育方针。壬子癸丑学制、壬戌学制的颁布标志着我国现代教育体制的确立，影响深远。北京地区蒙学的职能在民国建立之后发生了巨大转变，首先体现在名称上，由原来的"蒙养院"改称为"蒙养园"，并规定"国民学校得附设蒙养园"，招收六岁以下的儿童，其办园目的大多为"辅助家庭教育，造就国民小学之基础"及"涵养儿童之德行，并保育身心之发达"。例如民国九年（1920 年），孔德学校在东城方巾巷开办的幼稚班就以"立足教育，注重幼儿早期智力开发和行为培养，注重美育与实践"为办园宗旨。[①] 到民国十一年（1922 年）新学制正式实施后，蒙养园易名为幼稚园，并规定幼稚园招收六岁以下幼儿，不再附属于小学教育。从此，幼儿教育在北京学制系统上正式独立，并为日后的幼儿教育奠定了重要基础。

三、南京国民政府执政前期的北京蒙学职能

民国十七年六月（1928 年 6 月），北伐战争后，首都迁至南京，北京改名为北平，北平虽失去了首都地位，但仍具有政治、文教方面的传统优势。至卢沟桥事变前，北平政局相对稳定，北平的小学教育得到发展。20 世纪 30 年代中期，政府开始推进义务教育，计划五年内使所有失学儿童都能接受至少一年的强迫教育。但学前教育在当时仍是少数富贵人家的子女才能享受的奢侈品。

南京国民政府成立后，蔡元培先生再次出任教育行政长官，在全国教育会议中倡议三民主义教育原则方案，并提出实行军国民教育、实利主义教育、公民道德教育、世界观教育和美感教育"五育并举"的国民教育方针，建立培养完全人格的教育体制。但南京国民政府由蒋介石所推行的"三民主义"是"伪三民主义"。据记载，国民政府教育部于 1931 年 7 月发布通令，各学校必须悬挂匾额，其文字为横列"忠孝仁爱信义和平"八字。[②] 其主要目的在于稳定国民党政权的统治。

---

① 汤世雄，俞启定. 北京教育史 [M]. 北京：学苑出版社，2011：429.
② 汤世雄，俞启定. 北京教育史 [M]. 北京：学苑出版社，2011：358.

总的来说，这一时期北平蒙学的教育目的是根据三民主义，遵照中华民国教育宗旨及其实施方针，发展儿童身心，培养国民道德基础及生活所必需的基本知识和技能，以养成知礼、知义、爱国、爱群的国民。①

四、沦陷时期及南京政府执政后期的北京蒙学职能

日寇占领北平后，日伪开始颁布新的教育方针，企图从思想上奴役中国人民。其颁布的教育方针实质是封建主义与投降主义相结合，实施反共、媚日、卖国的汉奸教育。日伪办学的目的是将"日中亲善""反共防共""共谋东亚和平""抗日是害国""亲日才是爱国"等彻头彻尾的奴化思想灌输给青少年，使其丧失国家信念，进而磨灭其反抗心理。

日伪的奴化教育激起了爱国师生强烈的民族仇恨和反抗。与此同时，在中国共产党领导的京郊抗日根据地，教育却红红火火，显示了旺盛的生命力。1938年3月，八路军邓华支队挺进平西，攻克门头沟等敌军据点，解放十余万人口。平西抗日根据地教育是在战争环境中办教育，是为战争服务，为边区建设服务的新民主主义战时教育，其基本教育思想是：教育为政治服务；教育与生产劳动相结合；用共产主义思想教育人民群众，提高民族素质；依靠人民群众办学；开展全民教育；团结教育知识分子为人民服务等。而蒙学作为教育制度的起始部分，其办学目的一定是遵循当时背景下总的教育目的。根据地小学教育从当时抗战的实际出发，把爱国主义教育的内容渗入各门课程，其主要办学目的是培

---

① 汤世雄，俞启定. 北京教育史 [M]. 北京：学苑出版社，2011：276.

养有血性、有知识、有理想的爱国青年。

　　1945 年 8 月 15 日，日本投降，北平解放。自此，北京地区的教育开始逐渐走向正轨，但因长期战争的影响，教育经费有限，此时期北平地区的教育恢复，仍以高等教育为主，初等教育所受关注较少。此时的幼稚园和小学办学都在紧张地恢复，大都以义务教育为主，即使失学儿童能够得到教育，但因经费拮据最终未能实施。

第二节　北京近现代蒙学的课程

　　课程内容的设置是教育目的、制度的直接体现，北京近现代蒙学的课程内容一直随着当时政治背景下教育目的、制度的改变所改变。要梳理北京近现代蒙学课程内容的变化，首先需要了解当时的时代背景，在大背景下阐述教育制度、目的改变带来的课程内容变化。

一、晚清时期的北京蒙学课程

　　从鸦片战争爆发到清政府灭亡的七十余年间，是中国古代教育终结、近代教育诞生的新旧教育交替阶段，主要表现为废除和改革了传统保守的教育内容和教育形式，但仍有部分旧式教育在发展和改良，直到 20 世纪初新学制癸卯学制建立和科举废除后，旧式教育才真正意义上寿终正寝，而北京近现代蒙学的课程内容也随着新学制的颁布而逐渐有所变化。

　　整个清代的学校设置和教育行政体制的设立基本上沿袭明代，

从鸦片战争（1840 年）到癸卯学制颁布（1904 年）的六十多年间，北京蒙学阶段的教育大多以私塾的形式存在，没有统一的课程标准，但各个私塾都将"忠孝""养正"作为教育的目的，开设中国传统儒学的诵读课程，如《三字经》《百家姓》《二十四孝》等课程。

清末内忧外患纷至沓来，国家陷入空前的危机。1905 年，清政府迫于压力正式下令"停科举以广学校"，自此在中国延续了一千三百余年的科举制度完全停止，新的教育体制癸卯学制开始真正实施。癸卯学制包含从小学到大学的完整体系，它将整个学程分为三段七级。第一阶段分为初等教育，包括蒙养院、初等小学堂、高等小学堂。自此蒙养院制度正式确立，蒙养院的课程也开始系统地发展。清末蒙养院时期的课程大致分为四类，即游戏、歌谣、谈话和手技，此时蒙养院将"游戏、手技"作为专门的课程科目，体现了清末时期的蒙养教育正在向新式幼儿教育发展。

根据癸卯学制，小学分为初等、高等两级。初等小学堂主要开设八门功课：修身、读经讲经、中国文字、算术、历史、地理、格致、体操；而为女生开设有裁缝课和手工课；八旗小学堂还开设有图画、唱歌等课程。高等小学堂则增加基础化学、物理、图画等课程。1905 年后，义务教育也开始有所发展，学部为年长失学及贫寒子弟无力就学者开办简易识字学塾，只开设《简易识字课本》《国民必读课本》、浅易的算术或珠算等课程。

《奏定学堂章程》的制定与颁布在很大程度上是借鉴当时日本的教育制度，但不可否认的是从清末《奏定学堂章程》，即癸卯学制正式实施以来，北京地区的蒙学课程内容开始逐渐从传统儒学向现代自然科学转变。例如，从课程内容上来看，此时的基础教育课程内容更注重与社会生产相结合；课程分为初小、高小，难度螺旋上升，并开始关注课程内容与儿童身心发展相结合。从开设课程来看，课程主要还是以"中学为体"为指导思想，即修身科和读经讲经科在初小和高小仍占据了一定的比例。

二、北洋军阀时期的北京蒙学课程

辛亥革命推翻了清王朝，中华民国南京临时政府的成立变更了延续中国数千年的封建专制政体。1912—1928 年，国民政府在清末癸卯学制的基础上借鉴德国、美国的教育体制，并不断改革创新，陆续颁布了壬子癸丑学制和壬戌学制。中国近代教育体制也在这一时期逐步得到了发展。随着中国教育体制的不断发展和完善，这一时期的蒙学课程，即初等教育课程也在不断地发展和完善。

壬子癸丑学制是民国时期的第一学制，比较全面地反映了资产阶级对教育的要求，也是民国初期的中心学制。整个学制分为三段四级。第一阶段为初等教育，分为两级：一是初等小学校四年，为义务教育，法定六周岁入学；二是高等小学校三年。初等教育年限共七年，不分设男校女校。初等小学校开设的科目有修身、国文、算术、手工、图画、唱歌、体操共七门课程，女子加缝纫课。① 这些课程的设置反映了当权者和社会对当时小学生应掌握知识的基本要求，同时也考虑男生、女生的特性及将来生活的需要而开设了相应教学内容的课程。此时"幼儿教育阶段"未列入正式的学制之中，因此蒙养院课程并没有统一的课程规划和标

---

① 舒新城. 中国近代教育史资料［M］. 北京：人民教育出版社，1985：466.

准，仍大致延续清末蒙养院的课程设置，即开设游戏、歌谣、谈话和手技四个类型的课程。

1922 年，壬戌学制在各种先进教育思想的影响下颁布。壬戌学制在旧学制的基础上进行改进，其中最大的变化就是将"幼稚教育"纳入其中，从此幼稚教育课程有了大致的统一，基本包括音乐、故事和儿歌、游戏、社会和自然、工作、静息等部分的内容。据记载，当时北京近代最早的幼稚园"香山慈幼院"就开设了以养成良好生活习惯为目的的课程和手工。①

新学制正式颁布后，全国教育联合会又组织专家制定了《新学制课程标准纲要》，规定初级小学开设的课程为国语（即之前的国文）、算术、社会、自然、园艺、工用艺术、形象艺术、音乐、体育九门课程，课程开设时间以分钟计算，每周至少一千零八十分钟。②

相较于民国初期，民国中期的初等教育年限有所缩短，由之前的七年缩短为六年，这一方面有利于初等教育的普及，另一方面也更符合学生的身心发展特点，并且从民国中期以后初等教育不再分设男校、女校，原本课程中的读经也被去除。由此看来，民国中期开始的初等教育课程逐渐开始走向国际化。

三、南京国民政府执政前期的北京蒙学课程

1928—1937 年北平政局相对稳定，教育事业也在稳步发展，教育改革由简单模仿西方国家到逐步开始进行本土化尝试。其中，

---

① 柯小卫. 当代北京教育史话 [M]. 北京：当代中国出版社，2013：21.
② 刘仲华. 北京教育史 [M]. 北京：人民出版社，2008：225.

初等教育部分最为重大的改革就是制定并颁布了《幼稚园课程标准》，《幼稚园课程标准》的编写决定了民国时期学前课程的价值立场和价值取向，逐步使我国学前课程转向现代化。

此阶段幼儿教育的总目标主要有：增进幼稚儿童的身心健康；力谋幼儿应有的快乐和幸福；培养人生基本的优良习惯；协助家庭教养儿童，并谋家庭教育的改进。课程内容主要有：音乐、故事和儿歌、游戏、社会和自然、工作、静息、餐点。此时幼儿教育将"静息、餐点"也列入了课程内容之中，充分体现了"课程即经验"的价值取向。

南京国民政府执政前期，小学课程标准也有明确的规定。其总目标为：小学应根据三民主义，遵照中华民国教育宗旨及其实施方针，发展儿童身心、培养国民道德基础及生活所必需的基本知识和技能，以养成知礼、知义、爱国、爱群的国民。在这一时期，小学所开设的科目有公民训练、卫生、体育、国语、社会、自然、算术、劳作、美术、音乐，共计十门课程。[①] 这些课程的开设使学生接受的教育更加全面，包括了现在所提到的德、智、体、美、劳的教育。

这一时期北平的初等教育中包含了"幼儿教育"，《幼稚园课程标准》的出台使北平地区幼儿教育课程的设置有据可依，此外，无论是幼儿教育课程还是小学课程的设置都体现出当时"课程即经验"的主流课程价值取向。

---

① 刘仲华. 北京教育史 [M]. 北京：人民出版社，2008：276.

四、沦陷时期及南京国民政府执政后期的北京蒙学课程

1937年卢沟桥事变，北平沦陷。在北平沦陷的八年间，日伪对学校进行严密的监控，以期对教育内容进行修改从而实施奴化教育。在此期间，北平教育事业的发展受到重创，停滞不前。

从1938年起，伪临时政府设立编审委员会，专门修订、编辑和审查中小学教科书及其他教育书籍，将原本课本中的一切具有爱国主义思想的内容全部删除，取而代之的是"中日共荣""建立东亚新秩序"等侵略思想。各校还把宣讲封建道德的"修身"作为重要的学科，强迫学生读《三字经》《孝经》《论语》《孟子》，大肆宣扬"恢复东方固有的文化道德"。日寇还将"日语"作为中小学的必修课程。日寇虽然在北平取得了一时的胜利，但在中国共产党的领导下，北平地区的抗日活动一直在持续。1938年3月，八路军挺进平西，开辟房山、良乡、宛平、昌平等根据地。从此，在中国共产党的带领下，平西根据地积极开展了抗日教育，在此背景下，平西抗日根据地中初等教育课程的内容也有所变化。根据地小学课程设有国语、算术（包括珠算）、常识、唱歌等，但不论是什么课程，都含有抗日的内容，并且课程内容在难度上层层递进。例如第一册语文第一课为《人》，第二课为《我是中国人》；而高年级的语文课程则是教授学生"怎样开通行证、写慰问信"等。

抗战胜利之后，国民政府制定了对光复地区的教育政策措施，北平市长熊斌率各局局长正式接收伪市政府，英千里为北平教育局代理局长，从此北平的初等教育秩序开始逐渐恢复。

1945 年 8 月 25 日，北平市幼稚园、小学正式开学，幼稚园课程仍然按照 1932 年颁布的《幼稚园课程标准》进行教学；课程设置及每周教学时间分配依旧遵循 1936 年 2 月 18 日国民政府教育部颁布的小学教学科目及每周教学时间表，每节课的上课时间由三十分钟延长为四十五分钟，但将"日语"科目去除。北平教育局成立之后的另一项工作就是向广大劳动人民子弟及烈士、军属子弟提供基础教育，教育内容以识字、算术为主，并辅之以政治教育。

第三节　北京近现代蒙学的教材

北京作为"首善"之地，其近现代蒙学教材的发展有着丰富的历史变化，从教材选择的随意性到有规可循，从照搬西方教材到适合中国国情，每个时期的教材均包含丰富的时代特点。下面将从晚清时期、北洋军阀时期、南京国民政府执政前期三个时期进行北京近现代蒙学教材的介绍。

一、晚清时期的北京蒙学教材

自癸卯学制颁布以来，北京地区蒙养院的课程依据《奏定蒙养院章程及家庭教育法章程》开设了游戏、歌谣、谈话、手技四类，但其教材并无统一规定，大多是由各个蒙养院的教师依据现有资源所选择的。例如，"谈话"课程的教材就是某些简短且易于理解的寓言小故事。"手技"课程的教材则是日常生活中常见并易于获取的材料，如纸盒、木片、黏土等。可见，此时北京地区蒙养院的课程虽然大体上相同，但在教材的选择上有很大的随意性。

整个晚清时期，教会学校的教材主要分为三大类，一是中国传统蒙学教材，如《蒙学捷径初编》《三字经》《弟子规》《百家姓》；二是将代表国外宗教教义的书籍作为蒙学教材，如《圣经》《圣道初阶》《圣经指略》《正道启蒙》等；三是当时女校中专门使用的教材，如《女四书》《女儿经》《家政》等。①② 这些教材主要用于初小和高小阶段的教育。从晚清时期北京地区蒙学教材的选择来看，此时的教材选择充分体现出当时"中学为体"的主流价值观。

二、北洋军阀时期的北京蒙学教材

民国初期的 1912—1922 年间，《学校系统令》改蒙养院为蒙养园，附设于小学、女子师范学校内。此时的蒙养园教材基本延续晚清时期的蒙学教材。1922 年，教育部公布的《学校系统改革案》规定将蒙养园改为幼稚园，至此，幼稚园取得了学制上的独立地位，幼儿教育制度得以正式确立，同时也开启了我国幼儿教育的现代化进程，幼稚园教材的选择从此也逐渐有了明确规定。但这一时期我国幼稚园的创办并无自己的特点，而是全面学习先进的西方国家，在幼稚园教材的选择、来源上参照美国。例如，郑宗海翻译杜威的《儿童与教材》一书中就明确了幼稚园所选的教材对于儿童来说，第一必须有意义和兴趣，即能够引起儿童的活动和实践，或者是可以调动儿童好奇心的东西；第二所选教材不仅要依据儿童的兴趣，还应能够满足社会生活的需求。③ 这些简

① 汤世雄，俞启定. 北京教育史［M］. 北京：学苑出版社，2011：286.
② 刘仲华. 北京教育史［M］. 北京：人民出版社，2008：159.
③ 李大年. 幼稚园课程［J］. 教育杂志，1925，17（3）.

短的文字可以体现出此时的幼稚园教材在选择上开始兼顾儿童需要和社会需求。

民国初期，北京地区的小学课程除读经讲经一科删除、国文改为国语科外并无大的变更。1912 年 9 月，教育部公布《审定教科用图书规程》，规定初等小学校的教科书可由各个学校自编，但须经过教育部审定。因此，此时北京的小学教材都有各自的特色。例如，北京师范大学附属小学所使用的教材有《实验国语教科书（民国学校秋季始业用）》《国语文法概要》《实验历史教科书（新学制高级小学）》《（新课程标准适用）小学算术课本》等。北京孔德学校的编辑钱玄同、沈尹默、周作人以商务印书馆出版的课本为蓝本，用白话加以标点重新修订后发放给学生。

三、南京国民政府执政前期的北京蒙学教材

1932 年以前，全国幼稚园的课程及教材均无参考标准，全国所设幼稚园的课程教材大多都照搬国外，不适合中国国情。1928 年在陈鹤琴的主持下，张宗麟及其他参与鼓楼幼稚园课程实验的人员共同起草拟定了《幼稚园课程暂行标准》。1932 年，教育部将其作为正式的《幼稚园课程标准》公布。《幼稚园课程标准》包含幼稚园总教育目标、课程范围和教育方法三个方面，但对于幼稚园应使用何种教材并无明确规定，而是各个幼稚园依据自身所处环境，自编教材。

南京国民政府成立后，蔡元培先生再次担任教育行政长官并于 1928 年 5 月召开全国会议，制定并实施三民主义教育原则方案。其要点为"发扬民族精神；提倡国民道德；注重国民体魄锻炼；

提倡科学精神；实施义务教育；男女教育机会均等"。① 但南京国民政府蒋介石所推行的教育方针是"伪三民主义"，即打着实行"三民主义"的外衣，加强"党化教育"，将"保甲制度""礼义廉耻"等内容强塞进小学语文教材之中。国民党所推行的"党化教育"，受到教育界各进步人士强烈的抵制和反对，特别是北平教育界。因此当时北平的初等教育教材，除了使用全国通用的教材外，还由各校编辑积极自编。例如，北京师范大学第二附属小学当时使用校编教材《高级小学国语读本》《新选国语读本》等。

四、沦陷时期及南京国民政府执政后期的北京蒙学教材

1937 年 7 月北平沦陷，日伪军进驻北平后对各个阶段的学校进行严密监控，篡改教科书，企图从思想上奴化中国人。例如，日伪临时政府将《新公民教科书》作为各校学习教材，其内容有"新中国的诞生""日本对华的帮助""中国事变的意义"等，其本质上就是要造就"新民"即"奴隶"。② 日伪临时政府特别注重对中小学教材的审定，并专门成立"中小学教科书审定委员会"，要求将书中爱国教育内容全部删除。《市民千字课教材》即按要求删除了一切有关爱国主义的内容，成为各校教材。③ 除此之外，日伪政府为了灌输"新民精神"，还经常组织大中小学生进行演讲比赛和作文比赛等，如小学组的演讲题目为《新民青年何以要孝顺

①　汤世雄，俞启定. 北京教育史 [M]. 北京：学苑出版社，2011：461.
②　汤世雄，俞启定. 北京教育史 [M]. 北京：学苑出版社，2011：543.
③　汤世雄，俞启定. 北京教育史 [M]. 北京：学苑出版社，2011：543 – 544.

父母》《何谓新民》《新民应有之礼貌》等①，并且还强迫学生读《三字经》《孝经》《论语》《孟子》②。

但北平地区仍有许多具有民族气节的人士在积极地反抗日伪政府。1938 年 3 月，八路军邓华支队挺进平西，建立平西抗日根据地，后在根据地内逐渐发展爱国主义教育。根据地内的小学教育并无正式课本，大多是边区政府油印的小册子，还有部分教材由教师根据不同时期的中心工作编写，如顺口溜、快板、小歌剧等，既当课本，又作宣传材料。③

抗日战争胜利后，北平市教育局立即着手恢复中小学教育工作，统计失学儿童，加强义务教育。继 1942 年颁布《小学课程修订标准》后，1948 年再次发布《小学课程二次修订标准》，北平市各个小学的教材开始逐步统一。

第四节　北京近现代蒙学的教法

一、晚清时期的北京蒙学教法

北京几朝首都，贵为皇城，这里的制度更先进，社会更安定，经济更繁荣，教育和文化底蕴更为深厚。新学制的不断颁布，对北京蒙学教育影响颇为明显。

---

① 汤世雄，俞启定. 北京教育史［M］. 北京：学苑出版社，2011：546.
② 汤世雄，俞启定. 北京教育史［M］. 北京：学苑出版社，2011：543.
③ 汤世雄，俞启定. 北京教育史［M］. 北京：学苑出版社，2011：569.

在新学制癸卯学制正式实施以前，北京地区初等教育的实施并无章可循，且大多以义学、私塾的形式存在。此时的蒙养教育并未得到普通民众的重视，加之也无官方文件出台，因此此时的蒙养教育方式仍然延续古时私塾式，完全采用注入式教学方式。上课时，先生正襟危坐，学生将教材放置先生桌面后，侍立一旁听先生圈点讲解，讲解完毕后，学生复述并回座位朗读、背诵。

癸卯学制实行以后，北京地区的蒙学发展逐步迈向正轨，幼儿教育在初等教育中开始占有一席之地，《奏定蒙养院章程及家庭教育法章程》初步规定了蒙养课程的开设科目，并对课程实施方法做了专门的规定：

> 就儿童最易通晓之事情，最所喜好之事物，渐次启发涵养之，与初等小学之授以学科者迥然有别。①

由此可见，此时的蒙养院教育方法已经开始区别于小学的教育方式，开始尊重幼儿的身心发展规律和学习心理的特点。但此时的北京，幼儿教育的发展却并未能按照《奏定蒙养院章程及家庭教育法章程》的规定很好地实施，其教育方式仍是传统注入式的强迫教育，其主要原因可能是此时北京的蒙养院大多仍附设于育婴堂和敬节堂，且教师水平不高，大多由乳媪、节妇训练而成。但相比之下，此时北京地区的小学教育方式较新学制颁布以前有了很大的改善，教育方法受西方国家的影响，采用班级授课的方式。自1908年京师劝学所成立后，大多数私塾被改为私立小学，并且塾师也须到专门场所进行学习，经过学习后的塾师在上课时不仅能够运用五段教学法，还有了课后反思的意识。

---

① 何晓夏. 简明中国学前教育史［M］. 北京：北京师范大学出版社，1990：69.

二、北洋军阀时期的北京蒙学教法

1912 年至 1919 年五四运动之前的蒙学教育机构称为蒙养园，主要采用日本的幼儿教育课程模式，采用分科教学，教法呆板、机械。这一时期全国的幼稚园教学是将游戏、谈话、手工、唱歌、识字、算术、图画、排版、习字、积木分为一个时间段一个时间段的功课，按顺序安排在每天的功课表里，不能混杂，保姆（即现在的幼儿教师）高高地坐在上面，孩子一排排地坐在下面。显然这一时期的幼稚园教学方式是按照成人的视角实行的，并没有遵循幼儿的身心发展规律。

1919—1926 年，受五四运动的影响，我国学前教育开始从学习日本转向学习美国，福禄贝尔的自然主义、蒙台梭利的自由主义以及杜威的儿童中心论和实用主义教育思想对我国学前教育的发展带来了重要的影响。此时我国学前教育的课程内容、教材教法比较注重科学性，体现了课程发展的巨大进步，但由于全面地学习西方国家，课程目的和宗旨严重背离了我国的民族性，幼稚园的装饰、设备也较为精巧奢华，不符合我国当时社会经济尚不发达的国情。例如，当时存在的教会式幼稚园课程体系，课程内容和教育方式带有浓厚的宗教色彩，在每年圣诞节时，幼稚园中要开庆祝会，吃点心前要闭目祈祷。而在普通的幼稚园中，受杜威"教育即生活""做中学"的教育思想影响，教师在选择课程材料时选取与儿童经验关系最为密切的东西，"拿生活的全体做主""以职业的动作、节目、运动等做中心"。①

---

① 中国学前教育史编写组．中国学前教育史资料选［M］．北京：人民教育出版社，1989：265－273．

据记载，北京地区最早的幼稚园是位于西山双清别墅的香山慈幼院，此院最早是为了收留因受水灾而无家可归的流浪儿童，后除了收留灾区儿童，还招收家境贫寒的儿童。1920 年 10 月 3 日，香山慈幼院正式开学。香山慈幼院在教育理念上积极引进西方先进教育理论，但与此同时，在张雪门先生的指导下积极开展中国化的幼教研究与实验。①

三、南京国民政府执政前期的北京蒙学教法

1928 年至"七七事变"前夕，全国的教育发展达到了民国时期的顶峰，这一时期学校课程、教法、管理都达到了民国以来的最高水平，我国学前教育在陈鹤琴、陶行知、张雪门等教育大家的带领下开始探寻本国特色。这一时期，幼稚园的教育方法较之前有了很大的改变。这一时期幼稚园课程的实施方法转变为"课程中心制"，即各个课程应融合在一起，打成一片，无所谓科目。比如可以选择三月的植树节、秋天的红叶等作为近一两日内课程的中心。②

课程实施的基本方法为分段设计教学法。即幼稚园的教学设计须从儿童的自由活动中发现题材、设计材料，以能实现最终结果为目的。在一个完整的课程设计中，应循序渐进分为一步一步的小单元，每一个单元又有一个目标，上一阶段的目标是下一阶段目标的基础。③ 在教学原则上，首先强调以儿童为中心，其次强调以教师为主导。除此之外，"故事法""游戏法""谈话法""室

① 柯小卫. 当代北京教育史话 [M]. 北京：当代中国出版社，2013：19.
②③ 顾明远. 中国教育大系 [M]. 武汉：湖北教育出版社，1994：2219.

外法""动机法"也成了教师上课时经常选择的教育方法。

在教学方法上，师资力量强的初等小学校大都开始强调教师的系统讲授，务求使学生透彻了解基础知识；注意运用启发式的教学方式，以引起学生进一步钻研学习的兴趣。有的教师会在上课时提出问题，指导学生进行集体讨论，然后由教师作结论；有的教师则让学生利用课余时间进行考察、参观或采集、制作标本。总之，这一时期小学教师的教学方式方法灵活多样。①

四、沦陷时期及南京国民政府执政后期的北京蒙学教法

北平沦陷期间，各类教育教学均受到重创，大多数学龄前儿童无力就学，故此时期北平内大多数幼稚园停办，即使在根据地内，因资源有限，也仅创办了小学教育。

此时根据地内的小学教育方式主要有：（1）游击教学。即采取敌来我跑、敌走我教的战略，对学生进行抗日教学，对百姓进行抗日宣战。没有固定上课时间、固定上课地点，敌情紧张时，村边、场院、坟圈、树荫下，立块小黑板就上课。（2）抗日两面小学。即学校为师生准备两套教材，当敌伪人员来检查时，就摆出伪课本，当他们走了之后就学习抗日课本。

抗日战争胜利之后，幼稚园、小学的教育教学开始逐步恢复正常。

---

① 刘仲华. 北京教育史［M］. 北京：人民出版社，2008：485－486.

第五节　北京近现代蒙学的管理

蒙学的管理使蒙学各方面发展更加制度化和规范化，从北京的近现代蒙学管理来看，在不同的时期，教育管理机构、学校机构管理、学校的内部管理、管理体制和教学管理等方面都呈现出不同的特点。下文从晚清时期、北洋军阀时期、南京国民政府执政前期、沦陷时期及南京国民政府执政后期这四个时期来看北京近现代蒙学管理的发展。

一、晚清时期的北京蒙学管理

在癸卯学制颁布以前，蒙学阶段的教育并没有专门机构负责管理，清末癸卯学制对各级各类学校的管理提出了明确的规定和要求。学部还制定了一系列的办学规章，如《学务纲要》《各学堂管理通则》《毕业生考试专章》等，学堂的管理进一步规范化、制度化。[①] 其中，《奏定蒙养院章程及家庭教育法章程》的颁布标志着蒙养院制度的正式确立。蒙养院制度主要包括三方面内容，一是对教育对象年龄的限定，即三至七岁幼儿；二是蒙养院机构的设置，主要附设于育婴堂和敬节堂；三是关于保育员（当时称为保姆）来源和培训的规定，规定保姆由乳媪、节妇训练而成。

清末北京兴学时期的小学堂主要分为三种。一是为其他类型的新式学堂作出表率的官立学堂，以八旗学堂为主。二为公立学

---

① 刘仲华. 北京教育史［M］. 北京：人民出版社，2008：170.

堂。所谓"公立学堂"是指介于"官立"和"私立"之间的特殊概念，其中"官立"是指政府所办，"私立"指个人所办，而"公立"则是指由政府和个人共同兴办的学堂。三为私立学堂。清末时期私立学堂的发展也可分为三个阶段：一是新学制颁布的四十年，主要是由外国传教士创办；二为 1902—1906 年所设立的学堂，这一时期的私立学堂成为日后私立学堂的主体；三为 1907—1909 年，在京师劝学所的主持下由私塾改造的私立小学堂。无论是官立、公立还是私立小学堂，官方都对其管理体制和教师任用方面作出了规定。例如，负责小学堂教育管理者必须学习研究教育学、学校管理法、教育行政法等知识；而《任用教师章程》明确了对教师的资格、任用、待遇、晋升等规定；《各学堂管理通则》则强调了对学生品行、学业的管理。[①]

在教育机构中，私立学校是一个大的类别，按照学制章程进行改良的只是其中一部分，还有一部分未经改良的私人性质的教育机构被称为"散学"和"专学"。这种类型的私学为闲散文人随意开设，无须得到政府认可，因此有较大的随意性。

二、北洋军阀时期的北京蒙学管理

1912 年中华民国教育部颁布《学校系统令》，改蒙养院为蒙养园，附设于小学、女子师范学校内，不设学制年限。1922 年在新文化运动的推动下，教育制度在真正意义上进行了一次除旧立新的改革。教育部公布的《学校系统改革案》规定：将蒙养园改为幼稚园，小学下设的幼稚园，属于初等教育体系的组成部分。北

---

① 刘仲华. 北京教育史 [M]. 北京：人民出版社，2008：170.

平虽为文化中枢，但幼稚园的设施仍然寥寥无几。1918 年，北平市幼稚园仅有国立北平女子师范大学附属蒙养园、博氏幼稚园、京师第一蒙养园等八所。[①]

1912 年 5 月，教育部成立后，裁并前清京师督学局和八旗学务处，改为京师学务局。[②] 京师学务局管辖区域分为城内、城外，城内以警察厅管辖地面为准，城外则以步军统领衙门所辖之京营地方为限，在此区域内的各项中等以下学校均由其统一管理。[③]

京师学务局依照壬子癸丑学制颁布的《小学校令》，规定了小学办学宗旨，即"应留意儿童身心之发育，培养国民道德之基础，并授以生活所必需之知识技能"；修业期限为七年，其中初等小学校为四年，高等小学校为三年；招收学生年龄为六岁到十四岁。[④] 1912 年 10 月，教育部颁布《学生学业成绩考查规程》，对学生的成绩考察和评定作出新的规定，即每年举行一次京师小学的考试，科目为国文、算术、历史、地理。在每届学生毕业前，京师学务局还会进行抽考。

三、南京国民政府执政前期的北京蒙学管理

南京国民政府执政前期所用的学制大致上沿用壬戌学制，但学校类型和修业年限有所改变。例如，1933 年公布的《幼稚园设置办法》放宽幼儿的入学年龄到三周岁以下。在初等教育方面，1932 年公布的《小学法》和《小学规程》规定小学的修学年限为

---

① 刘仲华. 北京教育史 [M]. 北京：人民出版社，2008：516.
②③ 刘仲华. 北京教育史 [M]. 北京：人民出版社，2008：203.
④ 刘仲华. 北京教育史 [M]. 北京：人民出版社，2008：222.

六年，前四年为初级小学，后两年为高级小学；入学年龄为六周岁，有特殊情况者可延缓至九周岁。①

1930 年，湖北教育厅创行中小学生毕业会考，后全国各省通行。1932 年 5 月 26 日，教育部初次颁布《中小学学生毕业会考暂行规程》，规定已届毕业的中小学学生一律参加会考。② 随后北平市即制定《北平市中小学学生毕业会考章则》并贯彻实行。其中，小学的会考科目有：国语、算术、社会、自然、体育。③ 但在 1933 年 9 月，教育部修正《中小学学生毕业会考暂行规程》，颁布了《中学学生毕业会考规程》，取消了小学会考，只保留了中学会考。④

教育的发展离不开经济的支持，20 世纪 30 年代，北平市拨给市立小学的教育经费为每月一万元；私立小学补助经费标准为每班每月十元。私立学校条件优越的，办学经费与公立学校相当或更高，但大部分私立学校全年的经费在一万元左右。

四、沦陷时期及南京国民政府执政后期的北京蒙学管理

日伪统治时期的北平，大多数幼儿并无就学条件，而日伪政府主要是对小学及其以上教育进行监视和管理。

在教材和课程设置上，日伪政府成立"临时教科书审查委员会"，将小学教材中出现的爱国主义内容全部删除⑤，并添加"新

---

① ② 刘仲华. 北京教育史［M］. 北京：人民出版社，2008：258.
③ ④ 刘仲华. 北京教育史［M］. 北京：人民出版社，2008：258 - 259.
⑤ 刘仲华. 北京教育史［M］. 北京：人民出版社，2008：327.

民主义"的内容，企图从思想上奴役儿童，以达到长久奴役中国的目的。

在教师管理上，日伪政府对小学教师的控制与管理也十分严格。让教师利用暑假之余参加"宣讲会"，其主要目的还是要"推行新民主义，促进中日亲善"。在管理上，要求所有教员在校时间必须保持在八个小时，"不得迟到早退"，不过日语教员除外。①

抗日战争结束之后，北平教育局恢复了对中小学教育的管理。第一，教育部统计失学儿童数量并开展义务教育，但因经费拮据，未能实施。② 第二，对小学课程设置作出调整，将"日语"废除，"修身"恢复为原来的"公民训练"。③ 第三，在师资的管理上，抗日结束后，北平教育当局计划对中小学教员进行分班训练并考核，考试"不合格"的小学教员将被调送部立北平师范训练。④

---

① 刘仲华. 北京教育史［M］. 北京：人民出版社，2008：328－329.
② 刘仲华. 北京教育史［M］. 北京：人民出版社，2008：369.
③④ 刘仲华. 北京教育史［M］. 北京：人民出版社，2008：370.

下篇

中西文化冲突下燕赵近现代蒙学
嬗变的内在动因

第五章　中西文化冲突下燕赵近现代 蒙学的转型

在我国，蒙学是传统中对孩童进行教育的一种称谓，传统蒙学从商周时期一直延续到近现代。近现代则是指从 1840 年第一次鸦片战争至 1949 年中华人民共和国成立。在悠悠历史长河中流淌着的传统蒙学正是在这一时期进入了它的关键转型期。

近代以来，西方教育飞速进步，东西方差距逐渐拉大。当有识之士带着先进的教育思想和内容回到中国后，蒙学教育越来越受西方教育思想的影响。但中西方文化特征迥异，传统蒙学固有的僵化与保守在开放与全面的西方教育思想的冲击下定然与其产生激烈碰撞，面临迫在眉睫的嬗变之路。由此，教学内容、方法、教材也在新政后进行了一系列的改革，学制由散漫的入学年限变为后来的癸卯学制、壬子癸丑学制、壬戌学制等，并为现代初等教育的普及打好基石。

尽管近代以来蒙学在多方面有了更科学化、现代化的气息，但在部分农村及偏远地方的山区，蒙学仍然遵循着旧教育，濒于没落的传统蒙学闪烁着微弱的光。直至中华人民共和国成立，私塾教育之光彻底熄灭。

随着教育改革不断深入，幼稚园与新兴小学不断增多，逐步代替了蒙学教育，发展出与新政体相适应的教育制度，并进行着一次又一次的变化。

第一节　燕赵近现代蒙学教材的转型

第一次鸦片战争之后一段时间，燕赵蒙学教育是以读书、识字和作文为主，以《三字经》《千字文》和《百家姓》为主要教材，经过最初阶段的学习后会加入"四书五经"的学习。第二次鸦片战争后，洋务派十分重视翻译工作，随着西学的引入，我国出现了一些与以往传统蒙学教材不同的儿童教育读物，如《小孩月报》《格致汇编》等，它们配有文字图画，包含故事、传记以及数理化等知识，拥有较强的趣味性[①]，成为促进近现代蒙学教材转型的种子。然而，燕赵地区传统蒙学教材应用历史深远，并未从根本上产生变化，直到戊戌变法之后，才在中西文化更强烈的冲突之下，逐渐发生转型。

中日甲午战争战败后，国人意识到："日本维新以来，人才文治，蒸蒸日晋，大旨皆发源于学校规制之善。其尤为得要者，在村村间闾遍开小学。小学之要，以修身为本，以益智启蒙为用……夫蒙养者，人才之根柢也，根柢不正，萌芽奚遂？中土积愚成弱，皆由小学不立之故。"[②] 受到日本的启发，教育自此被认为是国家兴旺、民族盛衰的立国根本，引起了政府的重视。战争的

---

① 姜恕. 清末民初蒙学教育向小学教育的嬗变之路［D］. 西安：陕西师范大学，2012.

② 叶瀚. 新译日本小学校章程序［J］. 蒙学报，1898（21）.

失败引得无数有识之士投身改革，其中梁启超便清晰地看到当时所盛行的《三字经》《千字文》之类蒙学读本存有"事物不备，义理亦少"之弊端，提出要改革蒙学读本的内容。① 加之新式小学教育的兴起，传统蒙学读本不再适应新式教育，1897 年南洋公学师范生陈懋治等编《蒙学课本》三编，开启国人聚集智慧自编教材之路。

1912 年，教育部颁布《普通教育暂行办法》，规定在小学教育中废止读经科，禁用清学部教科书，颁发新式教科书，燕赵地区大面积禁经，将教育引上为民主共和服务的道路，教材此时也发生了显著的变化。经受西方和日本先进教育思想的洗礼后，教育部于同年又颁布壬子癸丑学制与《小学校令》，在课程设置上增加的算术、手工、历史、地理等科，体现了教育实用性、留意儿童健全人格之类内容，蒙学教材的编辑也紧跟课程的设置，在课本中增加对应内容。

1912 年 9 月教育部公布的《审定教科用图书规程》要求所有初等小学校、高等小学校的自编教科用书均须经教育部审定。商务印书馆于同年秋季出版了全套《共和国教科书》，其中初等小学校的教材有《新修身》《新算术》《新珠算》等共计十一种；高等小学校教材增加《新国文》《新历史》《新理科》等共计十五种。1913 年又出版徐国英编的《共和国教科书国文读本》、俞子夷翻译的《新体算术》等。中华书局也在同时期相继出版《新制中华初小国文教科书》《新编初小教科书》《新编高小教科书》等。图 5 - 1

---

① 黄清. 清末民国小学语文教材演进研究［J］. 现代基础教育研究，2018，32（4）：140 - 146.

为当时商务印书馆出版的部分教科书。各种教材的不断发行出版，大大扩大了燕赵地区小学教材的选用、适用范围。因燕赵各地区风俗习惯不同，故允许教员酌情对教材进行修改，也有许多地区仍然完全自编教材，只须经教育部审定即可教授。①

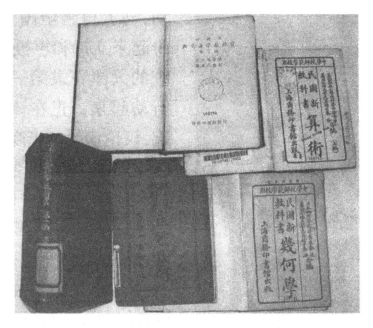

图 5-1　商务印书馆出版的部分教科书②

《申报》记者曾发表过这样的评论："初等学校教材的变革，在一定程度上，可以视为整个社会文化变迁的重要因素。"③ 自中

①　姜恕. 清末民初蒙学教育向小学教育的嬗变之路 [D]. 西安：陕西师范大学，2012.

②　王维新，陈金林，戴建国. 中国百年师范教育图志 [M]. 上海：上海辞书出版社，2009：69.

③　申报记者. 论我国学校不发达之原因 [N]. 申报，1909-05-24（3）.

国清末兴办学堂以来，政府就不断致力于教材的改革，五四运动前夕，主要是向日本学习，蒙学教材的修订改革注重了学习的实用性和儿童健全人格的发展，掀起了新式蒙学读本的热潮。

新式蒙学教材在注重人格健全的基础上，开始注重儿童心理与认知发展的特点，科学地设计和编排教学内容。1914 年 8 月，教育部组织全国教科书审查会制定了科目教材的编纂原则，如国文科"以有条不紊、精致绵密为贵重""普通文字不必求多，而适于应用"。之后又历经 1932 年《幼稚园课程标准》《小学课程标准》和 1936 年《修正小学课程标准》的发布，学校课程和教材的管理与编纂之路也就越来越科学化。①

截至五四运动前夕，在中日文化冲突下，燕赵近现代蒙学教材经历了从最初固定启蒙教材到专家学者、书坊摸索式自编教材，再到自编教材的科学化过程。无锡三等公学堂编写出版的《蒙学读本全书》图文并茂、美观醒目，商务印书馆编辑出版的《最新教科书》、上海文明书局的《蒙学科学全书》，及增加的《体操》教科书……都说明了蒙学教材教学内容向德智体转变之时，教材的形式也不断多样化。②

1919 年爆发的五四反帝爱国运动，促进了教育界思想的解放与革新，再加上国外教育思想的引进以及杜威、孟禄等美国教育家来华讲学的直接影响，蒙学教材的革新日益表现出重自然科学知识和日常生活技能的特点。例如，在五四运动前的《新修身》课本中"善待童仆""亲事""仪容"等内容在五四运动之后就逐

①②　姚文秀. 传统蒙学教育的近代改良［J］. 开封文化艺术职业学院学报，2021，41（6）：196－197.

渐减少或被删除了，取而代之的是一些宣传个人奋斗、生产兴家的内容。因提倡全国性质的文学革命，旧时所编文言文教科书停止使用。为适应教科书改革，商务印书馆又出版了《新法教科书》，该教科书共包括十余种科目，全部采用白话文供小学使用。这一时期，国家教育行政机关没有统编教材，也不指定使用何种教材，故京津冀地区对于蒙学教材的选择还较为自由。①

白话文的应用成为传播现代语言和思想的有力工具，教科书成为儿童喜闻乐见的读物。1921 年之前，燕赵地区的教材多为说明文，表达枯燥乏味，儿童缺乏兴趣，之后的教材为此有所改良，部分教材中凸显"儿童文学化"的特点，利用童话、寓言、笑话、自然故事、生活故事、传说、历史故事、儿歌等形式，让儿童在轻松愉快的氛围中掌握基础知识和基本技能。不难看出，蒙学教材在摆脱传统蒙学读本说教的形式上迈进了一大步。②

尽管新型教材在燕赵地区的城镇学校应用广泛，但由于燕赵地区占地广大，此时许多边远农村私塾并未完全被幼稚园和小学取代，即使他们在教育内容与方法上有些现代化的改进，但多数仍读着"三百千"及"四书"等书籍，没有跟上教材现代化的步伐。在我国蒙学教材慢慢革新之时，这些私塾默默承担着仿佛被搁置的农村蒙学教育的使命，直到中华人民共和国成立才告终结。

从 1840 年到 1949 年，燕赵蒙学教育改革的重点之一始终是对蒙学读本的改良与完善，科学与民主思想的传播将传统蒙学的旧思想逐渐从蒙学教材中清除。后代蒙学教材的创新之处在于关注

①② 姜恕. 清末民初蒙学教育向小学教育的嬗变之路［D］. 西安：陕西师范大学，2012.

了所学知识量是否与儿童的接受力保持一致，"儿童本位"的思想在蒙学教材改革中渐渐闪耀出熠熠光辉。历经改革几度波折，蒙学教材建设最终走向自觉发展的道路。直到今天，坚持知识与儿童的平衡与统一仍然是当代教育者不断探寻的领域。

第二节　燕赵近现代蒙学职能的转型

古往今来，教育最主要的职能始终是为统治阶级服务，以保障社会有序向前行进。1840—1949 年，燕赵近现代蒙学跨越了百年征程，其间社会动荡，改革接踵而至，燕赵蒙学的目的从使百姓入仕做官到开民智促发展；从被"父兄谋之"到"义务教育"。燕赵蒙学在这复杂变革中走出一条通往现代化教育的蜿蜒小路，那个曾经僵化不堪的旧蒙学慢慢转型成了为儿童谋整体发展的新教育，蒙学的职能与目的发生了不小的转变。

第一次鸦片战争惊醒了蒙昧的清王朝，封建教育体制随之松动。第二次鸦片战争后，部分西方传教士为传播本国文化思想，创办了一些传教学校，以培养中国基督教徒和掌握教义的中国人民。

日本文部省对于教育的训谕为"国家之精神风俗贫富强弱，皆源于普通教育""教育之行，与其使少数人民受完全之教育，不如使全部之人民受国民必需之教育"，可见，当时日本将教育视为国家强弱盛衰的先决条件。这也极大地影响了国人对于蒙学教育的看法，自此，清政府引进了日本"义务教育"的主旨，认为蒙学是"人民当尽之职分"。这是第一次在清朝末年以政府的名义重视蒙学教育的改革，在此之前，燕赵地区的蒙学向来都是家中父兄谋划，或延师于家，或遣子弟学于外塾的自主自利式教育。后来，在普及教育的宗旨之下，蒙学成了由国家操持的"强迫教育"，政府希望通过蒙学教育使国家变盛变强。[①]

对于读书的平民百姓来说，他们不求通过蒙学教育成为博闻广识之人，而是希望通过接受蒙学教育入仕做官，即使是在京津冀较为贫困地区的家庭也会尽可能让孩子进入私塾，去认识并会写一部分常用字，以称得上一个"耕读之家"的名号。[②] 例如，天津官学会通过义学教学生读书、写字、认字和算术，通过上三四年民间的塾馆胜任一些基本工作，或者通过栽培走上仕途之路。

清末，人们看到传统教育所存的弊病，开始转换学制、改革教育。洋务运动中的洋务教育作为改革的重要组成部分，也在入仕做官的教育目的中加入了"重实学、重实用"的思想。[③]尤其是在壬寅学制和癸卯学制颁布后，北京地区更以为国家培养新型实用性人才为目的，"养育贤才以供朝廷使用"。此时，我们可以看出当时燕赵蒙学教育的职能主要是培养国家栋梁，为国家服务。

对于政府来说，蒙学一直是维护封建统治的有力工具，是为了训育蒙童，使其成为"安身良民"，具有一定教化职能；对于百姓来说，蒙学则是进入仕途的前期准备。

甲午战争后，维新派登上历史舞台，他们认为中国的羸弱与教育的落后息息相关，人才不兴、民智不开造成了我国愚昧落后的社会状况。自此在教育界掀起波澜，以康有为、梁启超为首的

---

①③　姜恕. 清末民初蒙学教育向小学教育的嬗变之路［D］. 西安：陕西师范大学，2012.

②　老龙湾村志编纂委员会. 老龙湾村志［M］. 北京：人民出版社，2015：87.

维新派提出将"开民智"作为教育改革的主要目的。1901 年，清政府为缓和中国传统蒙学与国外教育思想的矛盾，进行自上而下的改革，并拟定了壬寅学制与癸卯学制，对"开民智"的教育目的做了更规范的表述：《奏定蒙养院章程及家庭教育法章程》中的教育宗旨为"专在发育其身体，渐启其心知，使之远于浅薄之恶习，习于良善之轨范"；《奏定初等小学堂章程》中教育宗旨是"启其人生应有之知识，立其明伦理爱国家之根基，并调护儿童身体，令其发育"①，高等小学堂职能是"培养国民之善性，扩充国民之知识，强壮国民之气体"。由此看出，蒙学教育致力于为儿童启知识、明伦理、爱国家，使那些只为谋求官职晋升的百姓有更高层次的眼界。②

清末民初，蒙学教育逐渐重视儿童身心发展、重视辅佐家庭教育、注重美育与德育。例如，保定地区幼儿教育的主要职能是促进幼儿身体发育、心理发展，培养道德，规范行为；天津地区受《奏定学堂章程》"蒙养家教合一"宗旨的影响，所设"慈幼所"和"蒙养所"重在养育，为家庭教育提供帮助；张家口以美感教育完善儿童道德，培养美德和品德并行。京津冀蒙学职能整体偏向重实学实用，且以日本为蓝本、受"中体西用"思想的指导，主要职能在于培养学生善良本性，学习古今中外科学文化知识，强健学生的身体，为促进我国近代科学、思想、教育的发展服务。

民国初期的政治结构急剧变化，教育作为社会的中流砥柱，

①　姜恕. 清末民初蒙学教育向小学教育的嬗变之路［D］. 西安：陕西师范大学，2012.

②　张家口市桥西区地方志编纂委员会. 张家口市桥西区志［M］. 北京：九州出版社，2015：853.

势必会对民国时期的政治、经济社会产生巨大作用。1912 年，教育部颁布的《普通教育暂行办法》顺应时代发展风向，禁用清学部颁行的教科书①，使蒙学为民主共和政治服务、培养共和国国民、使其养成完全人格，使教育为国家生产力服务。总之，此时燕赵蒙学履行着服务国家发展、进行人文启蒙、辅助家庭教育的职能。

1915 年，由于袁世凯的复辟梦，蒙学又短暂地回到了那个尊孔读经的时代，希望教育可以将儿童培养成安分守己的顺民，所颁布的《颁定教育要旨》实则为清末教育宗旨的翻版，充斥着反民主精神的教育宗旨。

1919 年爆发的五四反帝爱国运动，极大促进了燕赵蒙学教育思想的解放与革新。教育调查会取英、法、美三国教育之长提出了"养成健全人格，发展共和精神"的教育宗旨，且为发展儿童的"健全人格"提出儿童应养成"强健活泼之体格，优美和乐之感情"的教育目标。

20 世纪 20 年代，我国深受美国实用主义"儿童本位"的思想影响，在蒙学的职能上愈发注重儿童健全人格的养成。新文化运动使人们思想得到极大解放，认识了国外教育的先进思想，燕赵蒙学的教育职能与目的越发贴近适应社会化之需要，通过帮助百姓谋求个性的发展，提高国民经济实力。1922 年颁布的壬戌学制，强调了启蒙教育的基础作用，也为燕赵蒙学平民教育带来突破。保定地区平民小学逐渐开办，对城乡贫苦儿童实施免费义务教育。1925 年，石家庄开办平民教养院，收容贫苦孤儿。可见这时燕赵

---

① 行唐县地方志编纂委员会. 行唐县志 [M]. 北京：中国对外翻译出版公司，1998：561.

蒙学教育已经开始关注处境不利的幼儿，虽发展缓慢但教育平民化特征显现。1927 年南京国民政府成立后，蔡元培先生提出"五育并举"的国民教育方针，真正建立培养完全人格的教育体制，课程开设得也更加全面，包括现代所讲的德、智、体、美、劳的教育。这一时期北平蒙学教育目的是根据三民主义，遵照中华民国教育宗旨及其实施方针，发展儿童身心，培养国民道德基础及生活所必需的基本知识和技能，以养成知礼、知义、爱国、爱群的国民①，"中华民国之教育，根据三民主义以充实人民生活，扶植社会生存，发展国民生计，延续民族生命为目的"②。国民党政府进一步贯彻一个党、一个主义的教育。

抗日战争时期燕赵蒙学职能形成两大对立面，一面是日伪学校对学生进行的奴化教育，另一面是教育为抗日战争服务。

沦陷区的日伪学校通过教育腐蚀学生心灵，宣扬"中日亲善""东亚共荣"的思想，维护反动统治，使教育成为推行殖民方针的手段。据唐山市与保定市志记载，日伪小学大搞尊孔复古活动，其教育职能就是为日本奴役国人服务。

而沦陷区外，通过教育宣传抗日救国思想、进行抗战与爱国教育，为抗日战争培养后备力量。例如，邢台《内邱县志》记载，抗日根据地抗日学校"一切为着战争，一切文化教育事业均应使之适应战争的需要，使教育为战争服务"；③ 邯郸《大名县教育志》也提到，抗日民主政府创立的高等小学主要是为宣传抗日救

---

① 汤世雄，俞启定. 北京教育史［M］. 北京：学苑出版社，2011：276.
② 李桂林. 中国现代教育史教学参考资料［M］. 北京：人民教育出版社，1987：289.
③ 河北省内邱县地方志编纂委员会. 内邱县志［M］. 北京：中华书局，1996：764.

国道理、提高民族自尊心。① 这些教育机构以抗日救国为宗旨，源源不断培养了大批有胆识、有理想、有爱国精神的少年儿童。

抗战胜利后，京津冀地区各地陆续解放，燕赵教育事业恢复正常。此时张家口蒙学教育的职能是培养会读会写、能生产劳动、会过光景、有民族觉悟、有民主作风的新公民②；邢台柏乡教育的职能也变为了"教育为政治服务，教育为生产服务，与生产劳动相结合"，还重在对学生进行爱祖国、爱人民、反内战等教育。③可见此时的蒙学职能主要是培养人，培养人的思想道德，注重人自身的发展。

燕赵地区蒙学教育的职能与目的从最开始的入仕做官，到逐渐开启民智，再到后来致力于人格的健全……历经朝廷终结、军阀混战、抗击日寇，蒙学教育始终是时代的风向标，为统治阶级输送着其需要的人才。

第三节　燕赵近现代蒙学课程内容的转型

课程内容在一定程度上体现了课程目标，同时课程内容也是课程目标的载体，燕赵近现代蒙学课程内容随着时代背景的变化不断地调整。在中西方两种异质文化的碰撞下，燕赵近现代蒙学

① 大名县教育志编纂委员会. 大名县教育志［M］. 郑州：中州古籍出版社，2016：91-148.

② 张家口市桥西区地方志编纂委员会. 张家口市桥西区志［M］. 北京：九州出版社，2015：854.

③ 柏乡县地方志编纂委员会. 柏乡县志［M］. 北京：方志出版社，2000：614.

课程内容是如何发展的，我们须在整个大背景下综合分析。

（一）晚清时期蒙学课程面临的冲突

中国封建社会的经济是以地主土地所有制占主导地位的封建地主制经济，自给自足的自然经济占据主要的地位，这种重农抑商的政策严重地阻碍了商品经济的发展。到了晚清时期，封建专制统治日益加强，保守性日益增强。中国封建社会的文化思想体系是以儒家思想为核心，为维护封建统治服务。这种经济、文化的落后性日益突出。相比之下，在许多的西方国家里，资本主义经济制度完全确立，工业革命带来了科技的进步，使人民的生活得到了进一步的改善，并且在启蒙运动的推动下，提倡科学、自由与平等。中国与西方的差距越来越大。

鸦片战争之后，清政府被迫与西方列强签订了一系列的不平等条约，中国丧失主权，开始沦为半殖民地半封建社会。这一时期的蒙学教育内容依旧是识字、读书与写作。教育主要以封建思想道德教育为主体，通过设置修身、史学、读经讲经等课程向学生灌输传统的儒家思想。私塾教育注重识字，课程主要是读书和习字。读书以读"四书五经"为主，学生每日习字要用毛笔，字分为大楷和小楷。私塾对习字的要求十分严格。[1] 这一时期的蒙学课程继续沿用之前的课程内容，并没有与近代化的社会发展同步。甲午战争失败后，清政府被迫开放通商口岸，传教士们强行传播西方文化，这一时期私塾发展有增无减。

戊戌变法时期，彻底的资产阶级改革打破了洋务运动时期改

---

① 天津市地方志编修委员会. 天津通志：基础教育志［M］. 天津：天津社会科学院出版社，2000：112.

革仅仅停留在器物上的弊端，开始向文化和制度逐步地推进。西方文化传播和社会变革交织在一起，西方的文化输入开始和本土的文化融合。康有为上书请改书院、学塾为学堂，清帝的诏书要求蒙学的教育内容增加西学，"一律中西兼习"。① 同时，梁启超发表的《论幼学》指出："必教以天文地学浅理，如演戏法，童子所乐知也。"他强调教师通过情景教学进行天文地理等知识的传授，这一时期人们已经开始认识到天文地理的重要性。② 体育，在清末由西方引入中国，初称为体操，学习的是日式普通体操和德式、瑞典式的兵式体操。清末到民初，国家为了自强，实施了军国民主义教育，规定把体育列为学生的正式课程，学校让学生锻炼身体主要是为了给军队培养后备力量。③ 根据《石家庄市志》中的记载，清末井、获、正、栾四县的初等小学堂设修身、读经讲经、中国文字、算术、历史、地理、格致、体操八科④，增加了历史、地理、体操等课程。

　　1903 年，清政府颁布了《奏定学堂章程》，该章程规定"各省兴办学堂"。新学堂的课程设置实行了中体西用、新旧兼学的方针，规定初等小学堂开设修身、读经讲经、国文、算术、历史、地理、格致、体操八科，皆为必修科，图画、手工二科为随意

　　① 姜恕. 清末民初蒙学教育向小学教育的嬗变之路 [D]. 西安：陕西师范大学，2012.
　　② 王兴华，刘欣，王魁京. 从"蒙学"到"科学"：我国近现代幼儿科学教育内涵演变 [J]. 学前教育，2020 (10)：4 - 7.
　　③ 张田. 现代蒙学的由来 [J]. 北京纪事，2021 (9)：13 - 16.
　　④ 石家庄地方志编纂委员会. 石家庄市志：第五卷 [M]. 北京：中国社会出版社，1999：13.

科。① 课程内容有了必修科和随意科之分。

（二）民国初期和南京国民政府执政前期蒙学课程面临的冲突

1912—1928 年，民国政府在清末癸卯学制的基础上借鉴德国、美国的教育体制，并不断改革创新，陆续颁布了壬子癸丑学制、壬戌学制。1912 年南京临时政府成立，蔡元培上任后对全国教育进行了改革，提出了废止祀孔及中小学生读经，实行小学男女同校等方针。民国初期，初等小学校改为四年，高等小学校三年，男女由分设学校到同校，逐渐废除读经科，历史、地理为高小阶段课程，算学改为算术，国文改为国语。②

五四运动传播欧美的教育思想，反映在教学内容上，表现为重自然科学知识和日常生活技能。③ 在《邯郸市志》中还有记载：初等小学校开设修身、国文、算术、手工、图画、唱歌、体操；女子加缝纫科。高等小学校开设修身、国文、算术、中国历史、地理、理科、手工、图画、唱歌、体操；男子加农业科，女子加缝纫科。每周授课因学年而异，民国十二年（1923 年），颁行《新学制课程标准纲要》，规定初等小学校开设国语、算术、社会（包括公民、卫生、历史、地理）、自然园艺、工用艺术（由手工改称）、形象艺术、音乐、体育八科。④

与清末的课程相比较，此时课程内容更加丰富合理，并增加

---

① 辛集市地方志编纂委员会. 辛集市志［M］. 北京：中国书籍出版社，1996：684.

② 邯郸市地方志编纂委员会. 邯郸市志［M］. 北京：新华出版社，1992：730.

③ 姜恕. 清末民初蒙学教育向小学教育的嬗变之路［D］. 西安：陕西师范大学，2012.

④ 邯郸市地方志编纂委员会. 邯郸市志：第四卷［M］. 北京：方志出版社，2015：19.

了自然、手工等新的科目。从民国二十年（1931 年）开始，日本帝国主义就对我国虎视眈眈，唱歌是表达情感最为直接的方式，在唱歌课程中，有部分是爱国激进的歌曲。

（三）抗日战争时期—解放战争时期的蒙学课程面临的冲突

1937 年"七七事变"后，我国进入八年全面抗日战争时期，国民政府在军事上节节败退，各级各类教育也遭受重大损失。日伪时期，伪政府为了实施奴化教育，更改教材，向小学校派日本教员、校长等，要求学生学习日语。根据《晋县志》的相关记载，民国三十一年（1942 年），敌占区内扶轮小学、周家庄高小和少数大据点内的学校向学生灌输"大东亚共荣""中日亲善"等奴化思想。[①] 抗日战争期间，由于环境恶劣，根据地的小学多为游击性质，时办时停，教学时间不能保证。有的学校没有固定的地点，多数学校没有桌凳。所用教材是边区政府油印的国语、算术课本。有的没有课本，以《人山报》作教材，课程开设不齐全。[②] 根据地小学课程设有国语、算术（包括珠算）、常识、唱歌等，但不论是什么课程，都含有抗日的内容，并且课程内容在难度上层层递进。

日本投降后，被国民政府接收的城乡小学又恢复了战前的课程设置。1948 年 11 月，冀中行政公署颁布《恢复与整顿国民教育实施办法（草案）》，规定初级小学课程设国语、算术、美术、游戏、唱歌、常识，高级小学课程设国语、算术、政治、地理、历

---

① 河北省晋州市地方志编纂委员会．晋县志［M］．北京：新华出版社，1995：619．

② 广平县地方志编纂委员会．广平县志［M］．北京：文化艺术出版社，1995：525．

史、自然、美术、音乐。①

第四节　燕赵近现代蒙学教法的转型

"蒙学教法"，主要包括蒙学的教学原则和教学方法这两方面的内容。蒙学教学原则，指的是要根据书本的理论逻辑和儿童身心发展的心理特点进行有效的教学。蒙学教学方法是针对不同的教学内容，有针对性地采取不同的方式进行教学。蒙学教法在不同的时期也呈现出不同的特点。

（一）晚清时期蒙学教法面临的冲突

从 19 世纪 40 年代到清末新政出台，传统蒙学教育并没有被纳入官学体系，仍由民间私塾、义学和社学承担着对蒙童的教育培养，为打好中学功底、进入小学兼习西学。② 晚清塾馆教育沿袭了封建教育的固有方式，采取单个教学法，注重读、背、写的注入式教学。学生请塾师用红笔点读教书后，学生自读背诵，塾师检查其背诵效果，学生背熟后，塾师再逐字逐句讲解，然后再综合讲述文章大意。③《滦南县志》中记载，民国以前，境内初等教育的唯一形式是私塾。塾师使用家长式的管理方法，学生犯规用戒尺打手心；教学办法为"填鸭式"，先生讲学生听。学生入学年龄不

---

① 河北省保定市地方志编纂委员会．保定市志：第四册［M］．北京：方志出版社，1999：27.

② 姜恕．清末民初蒙学教育向小学教育的嬗变之路［D］．西安：陕西师范大学，2012.

③ 天津市地方志编修委员会．天津通志：基础教育志［M］．天津：天津社会科学院出版社，2000：112.

限。读书只要求会念、会背、会写，不要求会讲。① 这一时期的蒙学教学方法多为死记硬背，注入式的教学以教师为主导，学生们缺乏主动性，多为被动地接受知识。

清朝末年，国际局势动荡，国内教育发展受到冲击，西方学术思想、教育体制机制、学校制度等进入中国，1902 年《钦定学堂章程》出台，在蒙学问题上有了新的突破，第一次把蒙学纳入官方学制体系之内，并专门制订了《奏定蒙学堂章程及家庭教育法章程》以对蒙学进行规范。其中，对于蒙学的教法也有了新的规定："凡教授儿童，须尽其循循善诱之法，不宜操切而害其身体；尤须晓以知耻之义，夏楚之事断不宜施。凡教授之法，以讲解为最要，诵读次之，至背诵则择紧要处试验。若遍责背诵，必伤脑力，所当切戒。"② 这一时期的教法不再强调死记硬背，而是开始注重启发性，尊重儿童的身心发展规律，循序渐进地进行教学，更加尊重了儿童学习的主体地位。

20 世纪初，废科举、兴学堂、开民智，班级授课制在我国普遍推广，赫尔巴特的五段教学法通过清末的留日学生、教育专业期刊与书籍以及来华的日本教习在中国广泛传播。清末，直隶留学教育在全国也居前位，"查本省派遣留日学生始自前清光绪二十七八年间。当时，本省为举办学校，造就人才，曾分批派遣学生赴日，肄习师范法律等速成科"。③ 1908 年左右，赫尔巴特五段教

① 河北省滦南县地方志编纂委员会. 滦南县志 [M]. 北京：生活·读书·新知三联书店，1997：663.
② 璩鑫圭，唐良炎. 中国近代教育史资料汇编：学制演变 [M]. 上海：上海教育出版社，1991：270.
③ 民国河北教育厅. 河北教育概况 [M]. 天津：百城书局，1935：29.

学法是依附于单级教学法实施的，这一时期教育界先进人物开始研究学习国外的教学方法，而直隶也积极响应，参加了教学法的研习并付诸实践。1910 年，直隶保定师范学堂等按照清政府学部通令，增设单级（复式）教学法课程，并派员前往江苏、上海等地观摩、学习单级教学法的经验及举措。①

（二）民国初期和南京国民政府执政前期蒙学教法面临的冲突

五四运动以前，蒙学教育多借鉴日本的模式和方法，当时的教育界急于改变中国教育体系单纯学习日本的状况，采用各种方式引进了欧美各国一些所谓"民主"的教学方式。当时的教学方法主要有个别教学法、五段教学法、分组教学法和自学辅导法。个别教学法是从私塾个别教学法演变而来，其基本教学程序是教师出示例题，请某一个或几个学生根据本例题的解题步骤进行讲解，教师再作补充，然后教师在板上出题，学生各自演算，演算结束后，教师逐一至学生前检查答案，进行指导。个别教学法的形式缺乏学生的自主性，教师也没有启发诱导，仅仅是对题目进行示范。五段教学法在当时有注入式和启发式两种形式。其中，注入式是指整个教学过程以教师讲解为主，学生只听讲并根据老师的要求做练习。② 这样的教学形式有利于教师对整个课堂的把握，但教育界也有不少人士认为这种方式不利于学生思维能力的培养和自主性的发挥，有些人士甚至将注入式看成封建教育的产物，不符合民主教育之精神。启发式教学开始盛行，它开始注重

---

① 吴洪成，罗佳玉，许娟．赫尔巴特五段教学法在近代中国：兼述若干省份的实施情况［J］．衡水学院学报，2015（2）．

② 姜恕．清末民初蒙学教育向小学教育的嬗变之路［D］．西安：陕西师范大学，2012.

考察整个教学过程，注重学生在学习过程中的主动性。这在当时是教育方法的一个重大进步。分组教学法是根据学生学习能力的不同，把一个教学班的学生分为几个组，教师根据不同组的实际水平分别讲授。分组教学法尊重了学生的个体差异性，促进学生的个性发展。自学辅导法是在 1913 年前后，随着欧美民主思想传入中国，在全国各地的小学中，兴起一股教学改革的热潮，它强调让学生自学，自主发现问题，教师再进行指导与辅导。[①] 这种方法在当时被广泛地运用到各学科，并对今天的教学方法也有启示。

五四运动之后昭示着一个崭新时代的到来，教育界也出现了活跃的学术风气，体现出空前的革新精神。新旧教育的更替，中西教育的融合催生新的教育方法。其中，在中国传播最广、影响最深的是杜威的实用主义教育思潮。实用主义教育主张教育要适应儿童个性发展需要和社会发展需要，强调以儿童为中心，以儿童的社会生活为中心，以儿童的活动为中心，这突出体现在设计教学法和道尔顿制等教学新方法的传入。其中，设计教学法是指注重儿童的主体性，以儿童为中心，根据儿童发展的需要和兴趣来制订活动计划，在活动中运用具体的材料，得到预期结果。在这一过程中，学生在教师的指导下获得有关的经验，学到分析和处理问题的能力。这种方法调动了学生的兴趣，培养了学生的合作精神。道尔顿制是由美国进步教育家柏克赫斯特创立的一种个别教学制度，其特点是废除年级、班级教学形式，实行个别单位教学。[②] 道尔顿制以儿童为中心，尊重学生的主体地位，但是忽视

---

①② 姜恕. 清末民初蒙学教育向小学教育的嬗变之路［D］. 西安：陕西师范大学，2012.

了教师的主导性，教学效率较低。① 西方教学法的系统传入，推动了中国的教学改革，在不同程度上改变了中国传统教学方法单纯灌输、死记硬背，以及重教材、轻实践的偏向，有利于发挥学生的学习主动性和创造性，促进了教学与社会实际生活的联系，推动了教学方法的进一步发展。

（三）抗日战争时期—解放战争时期蒙学教法面临的冲突

在抗战时期，各类教育教学均受到重创，大多数学龄前儿童没有办法就学，并且大多数幼稚园停办，即使在根据地内，因资源有限，也仅创办了小学教育。这一时期的教学方法更加灵活，为躲避敌人，经常在大树下、坟地、地头或沟中，以膝盖当课桌上课。在《定州市志》中还提到有时不分年级，分组教学；有时利用小先生（优等生）进行教学。抗日战争时期，各小学坚持"教育为抗战服务"的方针；在教学方法上，一改过去以讲为主的方法，增添了自学和讨论。"五一"大扫荡后，定南县率先推行"导生制"，遴选年龄较大、学生成绩好的学生为导生。教师先向"导生"传授课业，再经"导生"传授其他学生，此教法后推广至定南县及晋察冀边区学校。②

抗日战争胜利后，幼稚园、小学的教育教学开始逐步恢复正常。随着西方文化的不断深入和对我国教育的摸索，适合于我国本土化发展的教育方式开始逐步形成，教育方式也逐渐多元化。游戏法、卡片法、讲演法等多种教学方法陆续形成，这些教学方

---

① 姜恕．清末民初蒙学教育向小学教育的嬗变之路［D］．西安：陕西师范大学，2012.

② 定州市地方志编纂委员会．定州市志［M］．北京：中国城市出版社，1998：881.

法可以单独使用也可以相互结合使用，多样化的教学方法也使教师的教学更加灵活。

第五节 燕赵近现代蒙学转型的特点

在蒙学教材方面，我国传统的蒙学读本在私塾中最流行的是《三字经》《百家姓》《千字文》，"三百千"从宋代一直沿用到清末民初，其间也有所变化，但只是在原有的基础上进行改编，基本上保留着原有的内容和形式。[①] 随着西方文化的不断渗透，来华的传教士对传统的蒙学教材进行了抨击，认为传统的蒙学教材对儿童来说晦涩难懂，儿童并不能真正地读懂内容，反而容易磨灭儿童的兴趣。晚清时期，有识之士开始编写新的教材，1904 年的《奏定学堂章程》用初等小学堂取代蒙学堂，实行分科教学，新式教科书的编写增加了西学内容。民国元年（1912 年），南京临时国民政府颁布的《普通教育暂行课程标准》中规定清廷颁布的教科书一律禁用、一律不读经本，故传统蒙学教材的使用受到了限制。由此，课程也由尊孔读经逐渐转向学习白话文等内容。新的蒙学教材扬弃了之前许多记忆和背诵的知识，增加了更多贴合生活实践的知识，真正地考虑到了幼儿的兴趣和需要，符合幼儿发展的一般规律。在教材的编写上，也从清末民初的小学科学教科书翻译西方的科学著作发展到自主编写科学课本，自主编制的课本与

---

① 姜恕. 清末民初蒙学教育向小学教育的嬗变之路 [D]. 西安：陕西师范大学，2012.

我国的社会发展相适应，蒙学教材不论在内容、语言和形式上都有所进步。

在蒙学职能方面，教育职能自古以来都是为统治阶级服务的，随着鸦片战争的爆发，一批先进的知识分子开始觉醒。清末人士看到传统教育所存的弊病，开始转换学制、改革教育，在入仕做官的目标上增加了"重实学、重实用"的思想。甲午战争后，"开民智"成为教育改革的主要目的，致力于为儿童启知识、明伦理、爱国家。① 五四运动之后，学界吸收西方的教育思想，把"养成健全人格，发展共和精神"作为教育宗旨，这一时期西方实用主义对我国教育产生了重大的影响，教育开始提倡"儿童本位"，尊重儿童的主体地位。蔡元培先生提出"五育并举"的国民教育方针，这一方针至今仍为现代教育所借鉴。教育职能的演变也展现着时代的变化与进步，不断适应着社会的需要。

在蒙学内容方面，自古以来，教育主要以封建思想道德教育为主体，通过设置修身、史学、读经讲经等课程向学生灌输传统的儒家思想来巩固封建统治。鸦片战争打开了中国的大门，戊戌时期的西方传播和社会变革交织在一起，西方的文化输入开始和本土的文化融合，"一律中西兼习"，增加了地理、体操、历史等新式课程内容。1912—1928 年，民国政府在清末癸卯学制的基础上借鉴德国、美国的教育体制，形成新的学制。五四运动传播欧美的教育思想，开始注重自然科学和实践类的新课程。吸收和借鉴了西方文化后，蒙学课程从单一的传统读物发展到包含各类型

① 姜恕. 清末民初蒙学教育向小学教育的嬗变之路［D］. 西安：陕西师范大学，2012.

的多样化课程。

在蒙学教法方面，晚清时期实行单纯地向学生灌输的教学方式，念书、背书和写字，以死记硬背为主要教学方法。清末民初，各种西方的教育方法传入中国，从最先盛行的赫尔巴特五段式教学法发展到后来的个别教学法、分组教学法、自学辅导法、道尔顿制等。① 在实施新的教学方法后，我国教育界有不少有识之士进行了深刻的反思，实践表明：再好的教学方法也要符合本国的国情，并不能完全地照搬和模仿，而是要根据自己国家的实际发展情况，在我国教育实践的基础上，取其精华，去其糟粕，对中西、新旧教育方法加以融合。

在中西方文化的交织下，蒙学教材、职能、内容和教法各方面都发生了巨大的变化，从对西方文化的排斥到全盘吸收再到根据中国自身的实际情况进行吸收和借鉴，蒙学从开始的教材晦涩、职能单一、内容固化、教法僵硬进步到后来的教材贴合生活、便于理解，职能上尊重学生的主体地位，内容上拥有多元化的课程，也逐步摸索出适合我国自身的教学方法。

---

① 姜恕. 清末民初蒙学教育向小学教育的嬗变之路 [D]. 西安：陕西师范大学，2012.

结语　近现代燕赵蒙学对当代教育的启示

　　1840 年爆发的鸦片战争，使中国结束了长达近 200 年的闭关锁国，被迫打开国门。中国战败后，割地赔款，签订了一系列的不平等屈辱条约，中国开始沦为半殖民地半封建社会，第一次鸦片战争也成了中国近代史的开端。

　　中国近代史虽然是中国的屈辱史，但由于社会性质等的变化，外来的经济侵略使中国自然经济逐渐解体，外来的文化入侵使中国开始接触现代文明，并在阵痛中逐渐跟上世界文化发展水平。教育、法制等社会领域的发展变迁，促进了中国由近代向现代的迈进，中国社会开始兴起近代史上第一次学习西方、改良旧教育思潮的运动，从而开始了近代教育改革的艰辛历程。蒙学教育在中国历史上，主要是由私学掌控，直到清末，蒙学逐渐被纳入官学体制。蒙学教育向近代小学教育的嬗变之路与中国教育的近代化历程相伴相随①，燕赵地区的蒙学在这期间也有着它独特的发展过程，对当代教育也带来深刻启示。

---

　　① 姜恕. 清末民初蒙学教育向小学教育的嬗变之路 [D]. 西安：陕西师范大学，2012：40.

一、蒙学的职能变迁给当今教育事业带来的启示

教育的职能从来都是由某个时代的社会性质、教育方针政策决定的，具有教化和引导社会思想走向的功能。封建社会时期，朝廷或者政府会详细规定学习和考试的内容，如"四书五经"或是儒家学派的作品等，且大多倡导"仁、义、礼、智、信"等，以便于统治者对人们进行思想统治，维护自己的统治地位。辛亥革命后的学制改革，使小学阶段的学习更加符合人的身心发展规律。日本侵华期间，日军对沦陷区百姓进行着奴化教育，教习日语，传播"大东亚共荣"的思想，企图使中国人在思想上拥护日本人统治中国；但与此同时，八路军也在根据地积极对蒙学教育事业进行恢复和重建。

封建社会中，统治者一直将教育视为一种统治工具，且学习的内容、形式对社会及技术进步的推动作用不明显，"学而优则仕"等思想禁锢了读书人的脑子，全面发展、素质教育的欠缺，局限了人们的创造力和想象力，不利于新事物的产生和发展。近代以来，蒙学在职能方面已逐渐向符合人的身心发展规律方向上靠拢，但也仍有不足。今时今日，教育是社会发展、民族复兴、科技进步的必经之路。在幼儿园、小学阶段须向孩子们传播正确的价值观，引导他们树立爱党爱国的思想，教育要遵循时代潮流和自然规律，在促进个体发展的同时，也推动社会进步。

（一）重视道德教育，推动全面发展

仁爱、谦谨、智慧、礼让、重气节、重修养是中华民族的优秀品格，在这深植于骨髓、融入血脉的优良传统的培养过程中，蒙学教育发挥了不可替代的作用，因为蒙学对伦理道德教育极为

重视。

伦理道德教育，对于幼儿及其一生的发展是至关重要的。在对蒙童的教育过程中，将道德教育与知识教育相结合，将品德教育贯穿始终，较好地处理了传授知识与育人的关系。例如，在《三字经》的识字过程中告诉幼儿"人之初，性本善"的做人原则，其教化育人的作用非常显著。《千字文》在传授"天地玄黄，宇宙洪荒。日月盈亏，辰宿列张""寒来暑往，秋收冬藏。闰余成岁，律吕调阳"等自然、历史、社会知识的时候，也告诉蒙童要"知过必改，得能莫忘"。《小儿语》告诉幼儿："见富贵而生谄容者，最可耻；遇贫穷而作骄态者，贱莫甚。"我国传统蒙学教育中，这样的例子比比皆是。

在促进人的社会化方面，蒙学教育往往以礼仪教育为基础，要求蒙童从日常生活中的小事做起，学会如何待人接物、如何衣饰整洁、如何行为规范。例如，《童蒙须知》中对幼儿的要求为："夫童蒙之学，始于衣服冠履，次及言语步趋，次及洒扫涓洁，次及读书写文字，及有杂细事宜，皆所当知。"古代对蒙童的教育并不是只停留在虚无的空话上，而是具有很强的可操作性。例如，《童子礼》规定了蒙童在家里的举止要求，几乎涵盖日常生活的方方面面，并且每一项都有具体、严格的标准。儿童整天口诵耳闻这些句子，有利于在潜移默化中养成良好的生活习惯，塑造高尚的人格。

现在的时代是经济社会高速发展的时代，日益丰富的物质生活不断冲击着幼儿乃至成人的道德观念，因此，幼儿时期的伦理道德教育变得更为重要。教育工作者要将德育摆在五育之首，并贯穿一切工作的始终，用德育来引领智、体、美、劳等方面的发展，促进人的全面和谐发展。

（二）推动教育公平，促进社会进步

20 世纪以来，政府和社会各界对蒙学给予了更多关注，平民幼儿教育也逐步发展起来，处境不利的幼儿的福利也逐渐得到改善。平民化的蒙学教育培养了更多人才，为中华人民共和国成立后教育事业的发展奠定了初步基础。

政府要加大教育公共资源投入，保障弱势群体享受优质的教育资源。在有限的教育资源下，为了保证教育最大程度上的公平性，政府应着眼于大的社会生态环境，通过政策的制定与实施，挖掘和调配各种社会资源并将其引入学前教育领域，同时将公共教育资源更多地向处境不利的幼儿倾斜以进行教育补偿。此外，对处于弱势地位幼儿的补偿和救助不能仅是建立在个人同情和社会的自发力量之上，而须以社会的广泛同情及政府的补偿机制做保障。政府要在教育实施过程中侧重关怀弱势群体，凸显出教育公平的价值和教育民主化，保障学生的公平待遇。

政府要尽可能实现教育活动过程中的公平。实现幼儿教育活动过程中的公平，关键在于教师。第一，政府应该提高幼儿教师的待遇、扩大教师编制、提升幼儿教师的社会地位，尤其是要解决农村幼儿教师的待遇问题，只有这样才会有更多的人愿意投身于幼儿教育事业。第二，幼儿教师在进行教育活动时，也应转变教育观念，要用发展的眼光看待幼儿，对每个幼儿都有合理的期望，注重幼儿的个体差异，尽可能地做到公平公正对待每个幼儿。

政府要加大对特殊儿童的关注。在对待特殊儿童的问题上，亟待人们转变观念。家长、教师和儿童都要认识到，特殊儿童进入普通幼儿园中，对正常儿童并不是坏事；对于正常儿童而言，与特殊儿童相处会激发并深化他们关心、同情、助人的情感体验。关注特殊儿童、真诚地接纳这些儿童，为他们提供适宜的教育，让他们享受与正常儿童一样的教育资源，与社会进步相辅相成、相互促进。

　　总之，幼儿教育处于教育的起始阶段，其重要性不言而喻。对于发展过程中出现的问题，不管是教育机会还是教育资源的配置问题，通过政府和社会各界力量的共同努力，都会不断地得到解决，逐渐地接近"幼儿教育公平化"，逐渐实现真正意义上的公平。

二、蒙学的课程变迁给当今教育事业带来的启示

　　清末时期，燕赵地区幼儿教育主要为"保育教导"，内容有游戏（分"随意游戏"与"同人游戏"两种）、歌谣（为五岁幼儿所设，包括古人歌谣及五言绝句）、手工几个方面。[①] 当今的幼儿园课程设置中，以上元素也有所涉及，我们提倡普及常识、培养规则意识等的儿童歌谣在小班教授；开展可以锻炼幼儿精细动作、审美能力的手工，幼儿的语言能力与记忆力水平也随之提高；另外像剪窗花、剪纸等中国传统的民间手工艺，可以根据年龄和手工技巧的掌握程度加入幼儿课程中；字数较少、朗朗上口便于儿童记忆的、内容在幼儿生活涉及范围内的古诗词也予以教授，这是对传统文化和传统幼儿课程的传承与发展。

　　民国时期幼儿园的课程内容有所发展和改进。课程内容除游

---

　　① 河北省保定市地方志编纂委员会．保定市志：第四册［M］．北京：方志出版社，1999：9.

戏、手工、歌谣之外，也开始加强对幼儿体育活动的指导和智慧、才能的启迪。① 幼儿时期除了智能需要得到发展外，体能发展也是关乎孩子一生的大事，体操馆、跑道等运动场地的基础设施建设也服务于幼儿身体素质、身体协调能力以及体能发展。我们今日的学前教育课程中，要合理协调在室内和户外活动的时间，孩子们须亲近大自然，获得大自然给予的知识、能力、抵抗力，收获在书本和传统课堂上学不到的内容，对大自然产生好奇心与探索欲望，从而为自然科学的学习做经验上的准备。

1928—1937 年，教育改革由简单模仿西方国家到逐步开始进行本土化尝试，逐步使我国学前课程转向现代化。面向世界的课程观固然重要，但前期的简单模仿是最原始的，是不经思考地向他人学习，缺乏对自身文化与实际情况的客观认知。国与国，甚至地区与地区间的具体情况与教学条件都各不相同，有着生产力、思想观念等方面的巨大差异，单纯的模仿可能会造成更不好的结果，而经过与自身条件的匹配与结合，将适合我们的内容有选择地进行本土化，就等于将别人的东西变成了自己的，将他人的长处为己所用。现在在众多私立幼儿园中，常见众多的外来课程模式，但大多数是选取筛选过后，经过教学效果检验而采用的。对外国课程的选用也不能拘泥于形式，停留在表面，不能这学期用这个，下学期用那个，它所产生的影响是潜移默化且有过程的，课程模式反复变化不仅使教师在课程设计上无所适从，更容易使幼儿的思维混乱。

---

① 河北省保定市地方志编纂委员会. 保定市志：第四册 ［M］. 北京：方志出版社，1999：13.

如今，我们要根据实际情况制定课程标准，发展地方课程与园本课程，并随着时代和科技的变迁对标准进行更具适应性的修改；课程的形式与内容在与时俱进的前提下，也要做到对传统的继承，对地方特色的弘扬和发展。燕赵地区历史悠久，文化底蕴深厚，抗日战争时期的红色文化就是鲜明的文化地标，西柏坡、白洋淀、冉庄等地是远近闻名的红色景区，我们的学前教育课程可以有选择地、自然地吸收这些元素。

蒙学校本课程的开发是对基础课程的进一步完善，对于地区教育的发展也有着不容忽视的促进作用。但是任何一门课程从开发到成熟都是一个不断摸索的过程，在各种因素的影响下，蒙学校本课程与学科的联结、课程资源和类型、课程保障体系和评价体系等方面都须进一步改进，要根据课程实践发展的需要不断更新课程的开发理念与目标，并做好适时的调整。

（一）推动蒙学校本课程体系的本土化

校本课程是依据学校自身的发展需求以及学生、教师等具体情况而开发出来的能体现"校本"特色的课程。

1. 更新蒙学校本课程理念及体系

时代的发展推动着教育不断变革，对学生素质的培养要求也越来越高。作为校本课程的开发者和实施者，学校应该利用好本校所处的地理优势、自然环境、设备条件、师资力量等资源。育德于教、因地制宜是蒙学教育的重要组成部分。所以，蒙学校本课程的开发应该从本土的文化资源做起，旨在实现先立德后立人的教育目标。例如，处在保定地区的学校，在实施蒙学校本课程的时候，可以组织学生到革命纪念馆、狼牙山等景点学习革命先烈的高尚品德，使学生从小接受红色文化熏陶，使学生身临其境后产生代入感，一定会得到比身处传统的教室与课堂更好的教育效果。重要的是课程的开发者和实施者要有这样的课程理念，适时更新蒙学校本课程的体系，跟随时代发展脚步，建设出符合学校发展和学生成长的出色蒙学校本课程，体现学校的课程特色，将蒙学校本课程进一步本土化。

2. 促进蒙学校本课程与学科的联结

教育是为了培养学生，蒙学教育重识字、诵读，重德行教育，与语文等人文学科核心素养的教育理念不谋而合。现行的蒙学校本课程的教授者主要是语文教师，他们对语文学科内容和蒙学知识的重合与空缺是非常明了的，因此，他们在课程建设中更能"对症下药"。教师对于课本内容的主题掌握到位，在蒙学校本课程的实施过程中，就能够将与之相同或相近主题的内容进行补充、比较学习。例如，在小学一年级讲授识字板块《人之初》这一课时，教师可以提供经典诵读的配套学习。通过蒙学校本课程与语文学科不断地结合，学生所学到的知识得到充分巩固，强化学生的记忆力和理解力，这样既能不断提高学生的学习兴趣，又能达到良好的学习效果。

（二）促进现代技术与蒙学教育相结合

蒙学的教育对象是中低学段学生，所以更要结合学生的身心发展规律来制定课程的开发类型和实施方式。该阶段学生的注意力相对来说处于不稳定的状态，所以课程的实施方式要针对这一特征进行安排。在蒙学校本课程的实践中，除了关注所学的内容之外，课程方式也非常重要。蒙学教育的方式、方法如果单一枯燥，那么特定年龄阶段注意力不够稳定的学生就很难全身心地投入到学习活动中。教育的方式决定着学生的学习效果，蒙学教育注重培养孩子的学习兴趣，而教育方式的多样化对学生的学习动力有很大的影响。随着社会的进步和科技水平的提高，教育过程中也引入了越来越多的现代信息技术，这为教育的发展与进步拓宽了视野。传统蒙学内容对于中低学段的学生来说是有些艰深难懂且枯燥无味的，所以，要充分利用现代教育技术趣味性高、直观性强的特点，在传统蒙学课程的基础上，增强蒙学教学过程中的趣味性，优化课程效果。例如，利用多媒体制作相关动画，吸引学生注意力，提高学习兴趣，实现"寓教于乐"。通过现代信息技术与蒙学教育内容的结合，学生更能深入地了解语言文字的独特魅力，对语文学科也会产生更加浓厚的兴趣，既保证了蒙学校本课程的顺利进行，又为语文科目的学习奠定了坚实的基础。

（三）建立完善的蒙学校本课程保障体系

任何课程的开发都必须要有一套完整保障体系的支撑，它是课程得以顺利开发和实施的前提。蒙学校本课程保障体系的具体内容包括开发组织的确定、课程经费的保障、教师队伍的建设等。

1. 开发组织的确定

校长是一个学校的"领军人物"，要紧跟教育改革的脚步，调动教师积极参与课程的开发与建设。校长除了要有前瞻性的课程理念外，还要严格管理蒙学校本课程的开发与实施的每个环节。

专家的指导作用也是非常重要的，每一个领域校本课程的开发都需要专业人员和专业知识的支撑。课程专家对于蒙学校本课程的理念必须认识到位，在开发过程中能给予专业的理论指导，在实施过程中结合学生的实际情况对教师的行为作出适时调整，并能针对课程中出现的问题及时予以改进，最终达到优良的课程效果。

2. 课程经费的保障

经费是落实蒙学校本课程的重要条件，是蒙学校本课程的物质保障。课程开展过程中所需要的教材、教学场地、活动资金，包括聘请课程专家的薪酬、教师的工资等都需要经费的支持。因此，学校必须充分利用好教育部门审批的每笔款项，以此打造出学校的特色蒙学校本课程。

3. 教师队伍的建设

在蒙学校本课程的教学实践中，第一，教师要明确自己的职责，提高自身素养，言传身教，用先进的思想文化、扎实的专业知识去陶冶和教育学生。在教学工作中要不断拓宽自己的知识视野，夯实教学功底，为蒙学校本课程的内容需求做好充足的知识储备。第二，学校要让教师真正参与到课程中来，聘请的课程专家除了对广大一线教师进行岗前培训，对开展课程时遇到的问题也要及时作出指导，让教师从知识的传授者逐渐向课程的开发者和管理者的角色转变。

三、蒙学的教材变迁给当今教育事业带来的启示

中华人民共和国成立后，幼儿园创建初期，没有统一教材，教师参考《苏联幼儿园教养工作指南》和《幼儿园暂行规程（草案）》，结合实际自编教材、自制教具。1978—1987 年，河北容城县的幼儿学前班使用一年级的教材。① 1981 年前，全市的幼教没有规定统一的教材。1982 年，全市各幼儿园都使用了全国统编幼儿

---

① 容城县地方志编纂委员会. 容城县志（1990—2010）[M]. 北京：九州出版社，2018：12.

园各科教材，保教工作有较大改进，教育质量明显提高。幼儿教育教材的从有到无，从散乱到规范，质量的由低到高，都是中国教材历史和教育历史变迁的缩影。兼顾着幼儿的心理发展水平、知识道德发展需求、社会的现实需求等，今天的学前教育质量发展良好，办学质量高的公立与私立幼儿园中已经增设了如瑞吉欧、蒙氏课程等西方课程模式，具有现代化与国际化的优点。

（一）注重学生心理

教材的编订选择须考虑学生的心理水平，考虑儿童身心发展规律，要兼顾新颖性和趣味性。教材内容的选择要具有连贯性，使幼儿循序渐进地获得知识，使不同年龄的孩子掌握不同的技能。蒙学教育应重视对蒙童年龄身心特征的分析和把握，在教材的编写上注重选用浅显、新颖、有趣的内容。儿童的天性是喜欢嬉戏玩耍并且讨厌约束的，就像草木刚萌芽，只有让它舒畅地生长才能迅速发育，最终枝繁叶茂；如果对其摧残压抑，它们只会衰弱枯竭。我们对少年儿童实施教育，要千方百计使他们欢欣鼓舞，内心愉悦，只有这样，他们的进步才不会停止，内心才会逐渐丰盈起来。儿童的认知能力有限，喜欢新鲜的事物，且注意力不集中，喜欢大声朗读、爱听故事、爱看图画，这是儿童的最大兴趣和特点。古代蒙学读本中朗朗上口的诗歌读本，简短、浅显、图文并茂的故事书，正是适应了儿童的兴趣特点。例如，《幼学琼林》包含许多古代神话、寓言、传说故事；《二十四孝》将故事和插图结合；《日记故事》内容贴近幼儿生活。

（二）注重知识整合

启蒙教育的目的包含三个层面：一是教学生识字，这是最为基础的；二是授予学生日常生活的基本知识，这是直接目的；三是培养学生自觉实践传统伦理道德的能力，这也是启蒙教育的最主要目的。所以在蒙学教育中，无论教材内容和形式如何变迁，识字、授知识、德育这三个教育目的都是一以贯之，具有统一性的；而一本教材往往看似简单，其实却可以"一本多用"，既可以用来教导识字，也可以用来讲述历史，还可以传授知识，进行德育，同时具备多种功能，具有综合性。例如，《三字经》内容丰富，涉及教育的意义、礼仪、伦理道德、博物知识、经学诗赋、历史知识等，描写生动而又言简意赅。再如《千字文》虽侧重自然诗教，但内容丰富，几乎涵盖各种类型的知识。全书先从开天辟地谈起，接着讲人的品德修养和做人标准，又谈到各地的名胜、疆域的辽阔、风景的秀美，再讲历史人物、地理常识、农事、士人隐居的田园生活，最后讲人的饮食起居和家庭日常生活，并在文末勉励学子珍惜时光，抓紧学习。从宏观的宇宙、日月星辰，到一年四季的转换，再到金、玉的重要产地，不仅包含着丰富的知识，还有优美的古文韵律，行文流畅，气势磅礴，辞藻华丽，具有音乐美，读来朗朗上口，将知识性与艺术性近乎完美地统一了起来。

（三）注重道德教育

蒙学所倡导的传统美德，如节俭、诚实、守信、孝亲、忠义等品德至今仍然是现代思想品德教育的核心。现代社会更加注重幼儿与家人和社会交往的能力和技能，重视幼儿幸福生活能力的培养。

"立言先立德，做事先做人"，当代蒙学教育应重视言行品德的培养，在教材编制中学习传统蒙学教材，如《三字经》中的"亲师友，习礼仪""孝于亲，所当执""弟于长，宜先知"，《朱子治家格言》中的"一粥一饭，当思来处不易；半丝半缕，恒念物力维艰"等内容。儿童们整日口诵耳闻这些朗朗上口又意蕴深远的句子，有利于在潜移默化中养成良好的人生习惯，塑造高尚的人格。

（四）注重环境熏陶

环境对于一个孩子的成功起着至关重要的作用，为孩子选择一个良好的环境，引导交正确的朋友，为其选择好的老师等，都对孩子的成才起着至关重要的作用。《三字经》中有"昔孟母，择邻处，子不学，断机杼"句，说明环境对人的影响很重要。孩子的成长离不开环境的作用，一般的学习环境分为学校学习环境、家庭学习环境和社会学习环境，虽然孩子的大部分时间是在家庭和学校中度过的，但是家庭是孩子社会化最重要的场所。良好的家庭环境和正确的教育方式，往往使孩子养成良好的品行习惯。教育孩子力所能及地帮助父母做些家务活，听父母的话，多和父母聊聊天、说说心里话，报答父母的养育之恩。如果父母具有良好的生活习惯、意志品质并能创造良好的生活学习氛围，受到良好环境熏陶的孩子一定会反哺社会，成为对社会有用的人才。

此外，不仅可以选择书本等文字形式作为教材，我们身边的大自然、动植物等也是适宜的教材。在使用教材时应注意，教材的选择和推广须经过系列流程的审核；教师对新课程的开发和实际应用也应该接受系统的培训，使课程被深刻剖析，被教师熟练、灵活掌握，教师对课程的领会程度与授课水平直接关系到课程的效果和幼儿能力的发展。

四、蒙学的教法变迁给当今教育事业带来的启示

古代燕赵蒙学主要采用注入式教育理念下的识字、写字、阅读和作文的教学方法，一定程度上顺应了儿童的身心发展规律，有很多值得可取之处。但由于 1840 年后我国一直处于半殖民地半封建社会，受到帝国列强的压迫，如日本等国妄图瓜分中国领土，统治人民的思想，对中国进行军事入侵。文化、政治、科技等方面新思想也开始从国外引入中国。西洋的教育理念和思潮如洪水般浩浩荡荡来势汹汹，如蒙台梭利教学法、幼儿园创始人福禄贝尔理论、杜威"做中学"和"儿童中心论"、兰本达的"探究—研讨"教学法等。蒙学一度抄袭模仿，忽视了创新，陶行知先生称当时的幼稚教育染上了"外国病、富贵病、花钱病"。1931 年"九一八事变"后，日本从军事和文化上大规模地对我国进行侵袭，张宗麟、张雪门、陈鹤琴、蔡元培等一批觉醒的教育者开始意识到，若要拯救民族和国家，必须构建以本土为根基、以儿童为本位的教育，唤起人民对国家的情感，培养维护国家统一的未来栋梁。国内外局势严峻，国内充斥着不稳定因素，社会现实召唤新的幼儿教育，"中国化"和"本土化"幼教是这个时代强烈的呼声。一批教育家掀起了中国化教育改革的浪潮，改变对日本、欧美教育的模仿，从本土出发建教育，从传统的蒙学教育中发掘珍贵的教育财富。古代传统蒙学不可全盘否定，适合当下国情是基本的准则。

（一）传统教法适当迁移

古代燕赵蒙学的教学方法种类繁多，曾被灵活地适用于各阶段、各内容、各时期的教学，现在想要在教法上创新并非易事。

古代蒙学内容包含识字、读经、属对、作诗、写作等，蒙师围绕这些内容进行教学和传授。古代燕赵蒙学中出现的识字教法较为丰富，如集中识字法、拆字识字法、辨形识字法、卡片识字法等，后来教育者又研发出"听读识字法"。"听读识字法"巧妙运用教学信息论原理和暗示教学的规律，以熟悉的内容去带动较少的陌生内容，减轻新知识带来的压力，无意识的心理活动中隐藏的对新内容的兴趣和动机被最大限度激活。[①] 这改变了以往通过重复抄写单个汉字来记忆汉字的方法。时至今日，看到传统蒙学的发光点，有助于我们摒弃一味放手、不愤不悱等问题现状，传承因材施教、涵泳背诵、循序渐进、兴趣启迪、德性培养等合适的教学方法，不可削足适履，一味批评。

（二）存心养性，格物穷理

在为儿童编写的教材中，充分体现了"存心养性，格物穷理"这一主张，书中收录了古圣先贤不少格言、故事、训诫诗等，以此来激起儿童的学习兴趣。同时，儿童记忆力较强，理解力较弱，因此特别强调对学习内容要熟读牢记，这些经验都是值得我们重视的。

古人认为儿童"物欲未染"，可塑性大，所以尤其注重培养儿童的德行，以促其成长为彬彬有礼的君子。这符合当时的社会政治要求。如今德育工作被赋予更高期望。2018 年 9 月 10 日，习近平总书记在全国教育大会上讲话时强调："要把立德树人融入思想道德教育、文化知识教育、社会实践教育各环节，贯穿基础教育、

---

① 谷锦屏. 关于"听读识字"的实验研究 [J]. 天津教育，1988（3）：9 – 11，23.

职业教育、高等教育各领域，学科体系、教学体系、教材体系、管理体系要围绕这个目标来设计，教师要围绕这个目标来教，学生要围绕这个目标来学。"纵观历史，中华民族历来重视培养道德。古时蒙学教学条例上有禁止嬉闹、谩骂、毁坏他人学习用品的规定，此外在蒙学阶段说谎、攀比、斗殴等都会受到惩罚。教学方法严格、惩罚条例众多，多使用体罚和经济惩罚方式来抑制学生作出败坏品德之事。如今，虽然体罚已明令禁止，但教师可以用温和的方式引导学生改善德行，完善品行，如河北省出台的《河北省学校安全条例》，通过立法赋予教师教育惩戒权，规定"学校对不遵守校规校纪、有欺凌和暴力等不良行为的学生，按照国家有关规定采取必要的惩戒措施"。① 这些举措说明社会、学校、专家重视从小培养儿童良好的道德行为，最终目标是期望儿童成长为身心健康的社会主义建设者和接班人。

（三）注入式教学法再认识

《新河县志》提到，清末私塾在教学方法、方式上，大都采用先生讲、学生听的注入式，教学死板，枯燥无味，靠体罚维持私塾的清规戒律。中华人民共和国成立后，幼儿教育逐渐从死记硬背的死板教育转向培养幼儿各种能力，但教师水平也不高，学前教育小学化的倾向严重。

现今，启发式教育思想深入人心，启发式教学和启发法不同，不是所有的内容都需要运用启发法，不是所有知识都需要即刻理解，且启发法也存在诸如内容学习不系统、知识获得缓慢等弊端。

---

① 曹建. 河北立法赋予教师教育惩戒权［EB/OL］.（2019 - 10 - 16）. http：//www. moe. gov. cn/jyb_ xwfb/s5147/201910/t20191016_403759. html.

古代蒙学教育倡导"多记性，少悟性"，蒙童时期要求背诵和诵读大量内容，这符合儿童早期机械记忆占优势的特点，成年后往往会有这样的现象，小时候记忆的内容虽然过去很久，但印象依然深刻，越长大记忆的持久度越降低。教师在教学时，始终心系儿童和教材，考虑什么内容适合儿童，这种内容适合以何种方式授于儿童。[①] 易于理解的基础知识以背诵的方式学习，不失为一种高效的学习方式。学习的主干是记忆，记忆是打牢基础知识的"地基"，地基牢才能保证高楼的稳固。因此，启发式和注入式教学思想本身无优劣好坏之分，重要的是教师应认真选择合适的方法和教学内容。我们不能选一种，而抛弃另一种，两者相得益彰，不可偏废。

（四）顺性自然，寓教于乐

明代作文训练从属对开始，属对即对对子，这是作文教学的铺垫，学生先锤炼字句，再写作文。蒙师通常会让学生仿照例文进行模拟总结。如今小学语文教学中，也会要求学生仿写句子，如排比句、对偶句、"把"字句、"被"字句、并列句等。从易到难、从简到繁，从词句到段落，符合儿童接受知识的认知特点。作文写完后提倡多次修改，学生反复阅读自己的作文并多次大修大改，而教师考虑到学生的自信心和兴趣，只会提点学生的小错误，让学生进行小修小改。如今的学前教育和初等教育仍然重视兴趣的作用，教育同人在兴趣激发、兴趣的影响因素、兴趣的结构、兴趣培养等多方面多角度跨领域进行深入研究。自明代起，

---

① 祝刚. 新课程背景下对讲授法的再认识 [J]. 基础教育，2010，7（10）：40 - 44.

蒙师就注意到了要"顺性自然,乐学受教",启发儿童的学习兴趣不仅是 20 世纪的热门话题,"兴趣教育""乐学思想"更是 21 世纪的研究热点。

20 世纪 80 年代后,教材和教学内容更加科学化、正规化、生活化,教学方法更加灵活,教学从来不是灌输,也不能体罚,教法可以向西方学习,但要避免生搬硬套。我国早期各种学制的改革就是对教法的积极探索,在教学过程中,通过适当的途径使受教育者得到学习经验和能力上的突破。

五、蒙学的管理变迁给当今教育事业带来的启示

管理是管理者通过计划、组织等手段,提高效率,达到目标的一种活动。幼儿园虽然是教育机构,但完善的管理机制不但能避免麻烦,还可以使幼儿园的教育教学质量、财力人力的使用效率达到较高的水平。清末,蒙学的管理机构虽因地域的差异各有不同,但大多数是由劝学所、教学科、县政府等主管。从中华人民共和国成立到 20 世纪 80 年代,改由教育科或妇联等部门主管。直至 80 年代末,河北省大多数地区才对教育单位进行统一的标准化管理,由专人负责,并制定了一系列的标准与章程。

除了政府对教育的管理外,幼儿园园长肩负重任。园长对于本园的具体办学情况最为了解,如什么样的管理举措最能促进幼儿园发展,怎样的改变会使幼儿园面貌焕然一新。所以园长应了解、学习国内外的管理理念和方法,向管理成效良好的兄弟单位取经,在薪酬和绩效方面与教师沟通。总之,建立起科学的管理体系,同时促进教师的工作积极性,激励教师用更高的热情、更端正的态度、更专业的能力投入教学和幼儿园的建设中去,由此,

建立符合本幼儿园的幼儿园文化，并将其贯彻浸润到日常的点点滴滴，用文化的作用、精神的力量加快幼儿园的发展。

在教育机构管理上，清末各县学校设立校长、校监来负责，增设教导处、教育处和教务处，和我们现今学校内部行政部门制定基本一致。1905 年，中国设立学部，后改称教育部，标志着国家教育体制的产生。1945 年后，部分国民党控制区中的公立学校已经开始逐步实行校长负责制，私立学校实行校董领导下的校长负责制。中华人民共和国成立初期，中小学实行校务委员会制。1952 年改为校长责任制，1957 年改为党支部领导下的校长负责制，校长权力缩小或权力范围不清晰的问题出现，此后对党支部领导下的校长负责制进行了多次改革，这种体制一直延续到现在。2022 年，中共中央办公厅印发《关于建立中小学校党组织领导的校长负责制的意见（试行）》，明确："校长在学校党组织领导下，依法依规行使职权，按照学校党组织有关决议，全面负责学校的教育教学和行政管理等工作。"[①] 事实证明，历经百年历史的中小学校长负责制是科学的选择。这种制度拓展到幼儿园，园长负责制也是如今我国幼儿园普遍实施的领导和管理制度。校长和园长在党组织的领导和教职工的监督下行使权力，对校内的安全、后勤、教学、管理等负有责任。

在教学和人员管理上，应十分重视教员的专业素质。清末，就有很多地方设置专门的教研机构。1999 年 6 月《中共中央国务院关于深化教育改革全面推进素质教育的决定》提出"优化结构，

---

① 新华社. 中共中央办公厅印发《关于建立中小学校党组织领导的校长负责制的意见（试行）》［EB/OL］.（2022 - 01 - 26）［2023 - 05 - 01］. http：//www. news. cn/politics/zywj/2022 - 01/26/c_1128303567. htm.

建设全面推进素质教育的高质量的教师队伍"，为教师开辟更多的成长途径，从过去通过教员讲习会培训在职教员，到现在多途径多渠道培养。如园本教研，组织全园教师进行集体备课，相互交流教学经验和教学实践中遇到的问题，教研社会中的教育热点难点和特色问题；组织教师研究经典教学案例，解读优秀教师教学行为；以网络会议的方式，请学术界名人进行专题讲学，教师学员通过网络平台交流学习，跨越时间和空间的束缚；组织高水平的学术报告，了解理论前沿。通过一线教师的教学将理论运用于实践，使教师、园长、教研组、专家四位一体，将学习、研究、实践、总结、反思形成闭环，共同促进幼儿园及小学保育和教育工作的有效开展。①

此外，在机构内人员关系和公共关系处理上，应协调机构内人员、岗位、身份、科室之间的复杂关系；机构外应与家长、信息传媒、其他幼儿园、社会机构、小学、上级主管部门沟通协作。

---

① 左志宏. 幼儿园班级管理 [M]. 上海：华东师范大学出版社，2015：703 - 710.

主要参考文献

[1] 教育大辞典编纂委员会．教育大辞典［M］．上海：上海教育出版社，1997．

[2] 王海波．蒙学简论［D］．曲阜：曲阜师范大学，2014．

[3] 吴洪成．试析我国古代蒙养教材的特点［J］．课程·教材·教法，1997（3）．

[4] 吴音莹．传统蒙学的特色及其对当代儿童教育的启示：主要基于教材、教法视角［J］．湖南农业大学学报（社会科学版），2015，16（4）．

[5] 商颖．中国蒙学西化教育模式构想探源［J］．浙江社会科学，2010（3）．

[6] 南和县地方志编纂委员会．南和县志［M］．北京：方志出版社，1996．

[7] 邢台市地方志编纂委员会．邢台市志（前17世纪—1993.6）［M］．北京：中国对外翻译出版公司，2001．

[8] 河北省内邱县地方志编纂委员会．内邱县志［M］．北京：中华书局，1996．

[9] 广宗县地方志编纂委员会．广宗县志［M］．石家庄：河北人民出版社，1999．

[10] 柏乡县地方志编纂委员会．柏乡县志［M］．北京：方志出版社，2000．

[11] 威县地方志编纂委员会．威县志［M］．北京：方志出版社，1998．

[12] 河北省馆陶县地方志编纂委员会．馆陶县志［M］．北京：中华书局，

1999.

［13］邯郸市地方志编纂委员会．邯郸市志［M］．北京：新华出版社，1992.

［14］刘仲华．北京教育史［M］．北京：人民出版社，2008.

［15］张绍祖．近代天津教育图志［M］．天津：天津古籍出版社，2013.

［16］舒新城．中国近代教育史资料［M］．北京：人民教育出版社，1981.

［17］汤世雄，俞启定．北京教育史［M］．北京：学苑出版社，2011.

［18］天津市地方志编修委员会．天津通志：基础教育志［M］．天津：天津社会科学院出版社，2000.